DAS KATZEN PRINZIP

Christiane Wirtz

DAS KATZEN PRINZIP

Immer auf den Füssen landen – Sieben Wege aus der psychischen Krise

Bibliografische Information der Deutschen Nationalbibliothek
Die Deutsche Nationalbibliothek verzeichnet diese Publikation
in der Deutschen Nationalbibliografie; detaillierte bibliografische
Daten sind im Internet über http://dnb.dnb.de abrufbar.

ISBN 978-3-8012-0550-8

1. Auflage 2019
Copyright © 2019 by
Verlag J. H. W. Dietz Nachf. GmbH
Dreizehnmorgenweg 24, 53175 Bonn
Illustrationen: Dagmar Gosejacob, Düsseldorf
Umschlag: Petra Bähner, Köln
Umschlagfoto: Kolja Matzke
Lektorat: Beate Schäfer
Gestaltung und Satz: Petra Strauch, Bonn
Druck und Verarbeitung: CPI books, Leck
Alle Rechte vorbehalten
Printed in Germany 2019

Besuchen Sie uns im Internet: *www.dietz-verlag.de*

INHALT

- 7 **Zuallererst**
- 11 **Zum Zweiten**
- 19 **Einleitung**
- 25 Kapitel 1
  Sein Licht finden (… und den Schatten)
- 43 Kapitel 2
  Eigensinn
- 55 Kapitel 3
  Die richtigen Menschen wählen
- 73 Kapitel 4
  Schreiben oder sonst was Kreatives …
- 89 Kapitel 5
  Träume wagen
- 107 Kapitel 6
  And Action … (etwas tun …)
- 117 Kapitel 7
  Genießen
- 129 **Und noch was**
- 137 **Zum Schluss**
- 139 **Anmerkungen**

ZUALLERERST

*Das Leben und dazu eine Katze,
das gibt eine unglaubliche Summe,
ich schwör's euch!*
Rainer Maria Rilke

ES IST nicht gerade so, dass zu wenige Ratgeber auf den Markt kommen würden. Muss da unbedingt noch einer her? Warum also dieses Buch? Warum sollten Menschen Tipps nach einem »Katzenprinzip« beherzigen und was berechtigt mich überhaupt dazu, dieses Buch zu schreiben?

Möglicherweise kennen einige Menschen mein erstes Buch *Neben der Spur*. Darin habe ich von meiner schwersten Krise berichtet: einer zweieinhalb Jahre andauernden Psychose, die dazu geführt hat, dass ich meinen Job verloren habe, dass meine Eigentumswohnung versteigert wurde, dass ich keine Lebensversicherung mehr habe, dass Freundschaften zerbrachen und dass meine Reputation als Journalistin, mein Name, in gewisser Hinsicht ruiniert war. Manche Menschen in meinem Umfeld haben keinen Pfifferling mehr auf mich gegeben. In ihren Augen war ich ein Wrack, nicht ernst zu nehmen. »Verbrannt«, sagte ein Therapeut, »Frühverrentung« urteilte ein anderer Fachmann.

Das und die Erkenntnis, dass ich einige Verwirrung verursacht hatte, machten mich sehr klein mit Hut, nur noch gefühlte ein Meter zwanzig groß – dabei bin ich in Wirklichkeit ein Meter zweiundsiebzig. Trotzdem war ganz tief in meinem Herzen etwas anderes da, eine Ahnung von verbliebener Kraft. Eine positive Kraft, die zwar hinter einem Medikamentenschleier versteckt war, die ich aber unter Schichten von ganz viel Kummer und Verzweiflung dennoch fühlen konnte. Und indem ich in dunklen Momenten immer wieder das Foto einer Katze hervorkramte – Katzen sind meine Lieblingstiere, das Bild zeigte meine Kartäuser-Mischlingskatze Paula – entdeckte ich über diese Kraft meine Seelenverwandtschaft mit ihr.

Zwar kenne ich die tollen Eigenschaften von Katzen, konnte mir aber nicht alle – etwa Unabhängigkeit, Anschmiegsamkeit, Eleganz, Flexibilität – als Mensch so abschauen, dass sie mir zur zweiten Natur geworden wären. Doch eine Eigenschaft glaube ich mittlerweile gut entwickelt zu haben, vor allem nach der letzten Krise. Sie wissen sicherlich, dass Katzen, egal, welche Situation sie zu bewältigen haben, im Sprung, im Sturz, immer auf ihren Pfoten landen. Sie sehen dann manchmal zerzaust und mitgenommen aus (vielleicht hat es sogar geregnet, was Katzen wirklich hassen), aber sie bewahren Haltung und schaffen immer wieder eine Position, von der aus sie handeln und ihrer Wege gehen können.

Wahrscheinlich von dieser Eigenschaft abgeleitet heißt es, Katzen hätten sieben Leben. Sie kommen durch, sie überleben, sie lassen sich einfach nicht demotivieren. Die meisten ihrer Art sind eigensinnige Kämpfer. Diese Fähigkeit war Gott sei Dank in mir angelegt und ich habe sie ausgebaut. Ich hatte schon vier Psychosen vor dieser letzten Psychose. Sie waren alle vergleichsweise harmlos, trotzdem haben sie mich indirekt geschult und auf diese besondere Herausforderung vorbereitet. Ich war einfach nicht bereit, ausgesondert, zur Seite geschoben, ins Abseits gestellt zu werden, ich habe daran geglaubt, im besten Katzensinne noch weitere Leben zu haben, war fest überzeugt, dass es eben nicht vorbei ist.

Und so kam es. Nicht dass ich bislang äußere Wunder vollbracht hätte. Ich habe keine neue Eigentumswohnung, nur Anfänge von Absicherung, manche Freundschaften sind unwiederbringlich verloren, obwohl neue Menschen in mein Leben getreten sind. Aber mir geht es gut, sogar richtig gut, und ich habe knapp drei Jahre nach der totalen Katastrophe wieder Selbstsicherheit und Zuversicht gewonnen, vielleicht mehr, als ich sie je zuvor besessen habe. Ich bin davon überzeugt, dass sich alles Weitere ergeben wird – ein unglaublicher Zustand nach der langen inneren Panik und Existenzangst in der Anfangszeit nach der Entlassung aus der Klinik. Ich bin stolz und ich habe eine innere Ahnung. Wenn ich weiter optimistisch meinen Alltag bewältige, ein paar (kätzische) Regeln beachte und an mir arbeite, gibt es vielleicht eines Tages sogar den Moment, an dem ich sagen kann: Dieses Erlebnis hat mich an einen Platz gestellt, der genau der

Richtige ist. Das sage ich, obwohl ich nicht der Meinung bin, es lasse sich alles schnell eins zu eins ins Positive verwandeln, ohne zumindest vorübergehend negative Gefühle wie Wut, Ohnmacht, Verzweiflung, Bitterkeit und bleierne Hoffnungslosigkeit zu spüren.

Soll das jetzt ein Buch sein für Menschen mit Psychosen? Ja und nein. Ja, weil ich natürlich aus meiner Erfahrung heraus berichte und tatsächlich auch eine Lanze brechen möchte für Menschen mit einer Neigung zu Psychosen, was die Diagnosen »Schizophrenie«, »schizoaffektive Störung« und »bipolar« umfasst. Es passiert leider immer wieder, dass diesen Menschen Perspektiven, Ziele und die Hoffnung, es könne sich etwas zum Besseren verändern, fast schon ausgeredet werden. Das halte ich für absolut kontraproduktiv, denn ich finde, Menschen in und nach einer Krise brauchen alles, woraus sie Kraft schöpfen können. Das implizite Argument lautet, es sei unverantwortlich, sie (etwa in einem Ratgeber) zu ermuntern, an sich selbst zu glauben und nicht aufzustecken. Das Gegenteil ist der Fall. Ich finde es unverantwortlich, wenn Perspektiven, Ziele und Hoffnung angezweifelt werden, eventuell im Glauben, dies sei eine realistische Position.

Wenn Sie das Inhaltsverzeichnis durchblättern, werden Sie merken, dass meine Anregungen, wie sich eine Krise meistern lässt, letztlich auch für andere Schicksalsschläge gelten, seien es andere Krankheiten oder ein drastischer Einschnitt wie der Verlust eines Jobs oder eine Trennung. Das Buch richtet sich an Menschen, denen es den Boden unter den Füßen weggezogen hat und die in sich selbst, bei allem Chaos, das sie umgibt, doch einen hauchzarte, feine Gewissheit spüren: Ich komme wieder auf die Beine, ich werde auf den Füßen landen, letztlich.

Nehmen Sie sich mit mir ein Beispiel an den Katzen, am besten an der leider inzwischen verstorbenen Paula, die Dagmar Gosejacob für dieses Buch hat aufleben lassen. Am Schluss jedes Kapitels hat Paula Schreibübungen für Sie parat.

Dieses Buch ist vor allem aus Erfahrung heraus geschrieben. Aber ich habe mich als systemische Coach auch mit aktuellen Diskussionen befasst, wie Krisen am besten bewältigt werden können, und lasse Erkenntnisse aus diesen Bereichen immer wieder einfließen.

Mein Buch kann und will sich nicht mit psychiatrischen und psychologischen Darstellungen vergleichen, dazu bin ich formal nicht legitimiert. Es ist also kein wissenschaftlicher Titel, in dem Sinne, dass Thesen sich auf Studien beziehen, die selbst durchgeführt und in Fachzeitschriften veröffentlicht wurden, und ich kann auch keinen Anspruch auf Vollständigkeit erheben. Doch ich habe fachliche Themen zumindest ansatzweise anzureißen versucht, weil hoffnungsvolle Ansätze – auch wenn sie nicht vor allem schützen – Sie für Ihren Weg aus der Krise wappnen und ausrüsten können.

Damit das Buch möglicherweise doch auch für »Profis« lesenswert ist, habe ich mir fachlichen Beistand geholt: Ich konnte die Kompetenz von zwei klugen Psychiatern gewinnen, Georg Schomerus und Jann Schlimme, und dazu die eines renommierten Arztes für Psychotherapie – Gunther Schmidt, Begründer der hypnosystemischen Therapie und Berater, der mich lange begleitet und unterstützt hat. Mein Fachmann für Katzenfragen war Mario Ludwig. Ihnen allen gebührt mein herzlichster Dank – nicht zuletzt dafür, meine eigenen letzten Zweifel durch ihren positiven Zuspruch und ihre Unterstützung besänftigt zu haben.

Christiane Wirtz

ZUM ZWEITEN

Dieses Buch hier ist ein echter Mutmacher. Es packt ein noch immer in unserer Gesellschaft sehr schwieriges Thema an, denn der Umgang mit Menschen, die eine oder mehrere psychotische Episoden entwickelt haben, ist bis heute mit merkwürdig vielen Vorurteilen, ideologischen Positionen, oft auch Ängsten und Tabus besetzt. Wie die Autorin dieses Thema mit aus meiner Sicht sehr mutiger Offenheit anpackt, hat mich nicht nur sehr beeindruckt, sondern auch sehr berührt.

Zentraler Schwerpunkt Ihrer Arbeit ist ja auch hier Resilienz. Sie schreibt nicht nur darüber, jede ihrer Zeilen atmet überzeugend den Geist, dass sie dies auch modellhaft lebt. Dabei hätte sie genügend Einladungen gehabt durch sehr widrige und leidvolle Lebensentwicklungen, zu zerbrechen oder resigniert und apathisch aufzugeben, wie wir es leider von vielen Menschen kennen, die in der Psychiatrie mit einer Psychose gelandet sind und sich dann (nicht selten auch darin beeinflusst durch entsprechende Rückmeldungen und Zuschreibungen an sie) in ein Leben mit massiv defizitärem Selbstbild und auch Beschämung ergeben. Sie hingegen greift kraftvoll diesen riesigen, sicher oft auch erschreckenden Herausforderungen ihrer eigenen psychotischen Erfahrungen auf, stellt sich ihr und macht daraus wertvolle Entwicklungschancen.

Heute herrscht Übereinstimmung darüber, dass man für die Entstehung und Aufrechterhaltung psychotischer Reaktionen von multifaktoriellen Prozessen ausgehen kann, zu der sowohl genetische Disposition als auch z. B. psychosoziale (und damit auch selbstwirksam veränderbare) Einflussgrößen gehören. Dennoch werden die Beschreibungen, Diagnosen und Erklärungsmuster im psychiatrischen Feld aber oft so angeboten (zumindest aber so gehört und verstanden), als ob es sich vor allem um eine körperlich begründete Krankheit handele. Dies kommt bei Betroffenen häufig als absolute »Wahrheit« an. Das führt dann dazu, dass sie dies wie ein feststehendes und nicht veränderbares Urteil (oft für ihr ganzes Leben) ansehen. Wenn jemand gesagt bekommt »Sie haben eine Psychose und sind Psychose-krank«, wird leider meist typischerweise daraus abgeleitet, dass dies auch heißt, man habe selbst wenig oder gar keine eigenen Gestaltungsmöglichkeiten, um autonom daraus hilfreiche und Gesundheit fördernde Entwicklungen zu machen. Diese Schlussfolgerungen habe ich schon bei sehr vielen Psychose-Betroffenen erlebt, die sich dann als ausgeliefertes, letztlich hilfloses Opfer dieser Prozesse erleben und sich dementsprechend verhalten.

Wenn man allerdings die Geschichte der Medizin betrachtet, findet man ständig Beispiele dafür, dass etwas als »Wahrheit« angesehen wurde und so fundamentalistisch gehandelt wurde, dass es im Berufsfeld schon gefährlich werden konnte, wenn jemand es wagte, eine alternative, kritische Position einzunehmen. Im weiteren Verlauf der Erkenntnis-Entwicklung stellte sich dann aber immer wieder heraus, dass neue Narrative, neue Sichtweisen (meist dann wieder als die nun »wirklich, echt wirklich gültige Wahrheit« gehandelt) die bisherigen Sichtweisen ablösten. Auch im Bereich der Psychose-Forschung gab und gibt es viele Arbeiten, welche die hohe Bedeutung psychosozialer Faktoren für die Entwicklung psychotischer Dynamik belegen, und viele Ergebnisse aus der Therapieforschung, die ebenfalls zeigen, dass nicht nur Psychopharmaka-Therapie, sondern psychotherapeutische Interventionen sehr hilfreich sein können, vielfach am besten in Kombination mit Medikamenten. In unserer Forschungsgruppe in Heidelberg (Leiter: Prof.Dr.Helm Stierlin) haben auch wir mehrere solcher Untersuchungen mit sehr guten Ergebnissen vorlegen können.

Diese psychotherapeutischen Angebote sind nach unseren Erfahrungen besonders dann hilfreich, wenn einerseits die Impulse sehr wachsam ernst genommen werden, die zu psychotischen Entwicklungen beitragen (sogenannte »Krankheitszeichen«), gleichzeitig aber systematisch fokussiert wird auf alle möglichen Kompetenzen und Ressourcen-Muster im Leben der Betroffenen und ihrer Beziehungssysteme und darauf, wie diese nachhaltig wirksam gestärkt werden können. Denn auch wenn dies während des Prozesses einer intensiven existenziellen Krise oft nicht mehr direkt zu sehen ist und auch die Betroffenen selbst dies in solchen Momenten meist nicht mehr sehen können, die Ressourcen für hilfreiche und gesunde Entwicklungen sind dennoch im unbewussten Erfahrungs-Repertoire dieser Menschen schon gespeichert und wieder aktivierbar, auch wenn dies zunächst schwer oder gar kaum möglich erscheint. Dies lässt sich nicht nur aus den Ergebnissen der modernen Forschungen zum Bereich des autobiographischen Gedächtnisses ableiten, dass bestätigen auch meine Erfahrungen in vielen hunderten Therapien mit Betroffenen und ihren Beziehungssystemen und die von vielen KollegInnen, die mit Ressourcen- und Lösungsorientierten Konzepten arbeiten.

Die Autorin zeigt sich hier mit ihrer wertvollen Arbeit als beeindruckendes Modell, welches diese Erfahrungen bestätigt. Sie bietet gerade auch für viele andere Betroffene ein ermutigendes Beispiel dafür, wie man seine eigene autonome Antwort auf die sicher gut gemeinten Narrative der biologisch orientierten Psychiatrie finden kann und so aber sich mit erhobenem Haupt heraus zu bewegen aus dem, was die Autorin so treffend das » Karussell der psychiatrischen Versorgung« nennt. Frau Wirtz hat sich klar entschieden, sich nicht einem einseitigen biologischen Krankheitsbegriff zu unterwerfen, sondern ihre sehr leidvollen und auch für ihre Lebenssituation über weite Strecken sehr destruktiven Erfahrungen als Krise zu sehen. Dies macht es in kritischen Situationen mit Impulsen, die zu psychotischer Dynamik beitragen könnten, viel mehr möglich, sich aktiv mit den Herausforderungen dieser inneren Tendenz auseinander zu setzen und selbstwirksam mit Hilfe ihrer Fähigkeiten gesund »umzusteuern«. So konnte sie zu einer sehr wachen Haltung kommen, mit der sie ihre eigenen Prozesse und ihre Reaktionen auf Stress-Situationen mit Gefährdungspotenzial bewusst und achtsam reflektierend gestaltet. Das kann ich aus eigener Erfahrung mit ihr deutlich bestätigen. Sie zeigt damit auch anderen Menschen überzeugend, wie auch unsere psychotherapeutischen Erfahrungen mit sehr vielen Betroffenen belegen, dass man überhaupt nicht dauerhaft den dazu beitragenden Impulsen hilflos ausgeliefert bleiben muss. Man kann sehr wohl lernen, Ich-stärkende, bewusste Haltungen nachhaltig wirksam aufzubauen.

In bestimmten Strömungen Lösungs- und Ressourcen-orientierter Therapiekonzepte wird oft die Auffassung vertreten, man solche sich gar nicht oder nur sehr eingeschränkt mit der Problemdynamik beschäftigen, da dies eine ungünstige Fokussierungsrichtung und damit womöglich eine Stärkung der Problemmuster bewirken könnte, sondern sich in erster Linie auf Lösungs-Aspekte konzentrieren (»problem talk creates problems but solution talk creates solutions«). Dies ist gerade, wenn es sich um psychotische Dynamik handelt, aus meiner Sicht viel zu einseitig. Seit Jahrzehnten trete ich für eine gut balancierte Vorgehensweise ein, die sich auch systematisch damit beschäftigt, wie die bisher unbewusste Problemdynamik bewusst und beeinflussbar und sogar nutzen kann (Utilisation genannt) und wie sie dann »umgeleitet« werden kann in die Aktivierung »schlummernder« hilfreicher Kompetenzen.

Frau Wirtz zeigt in diesem Buch eindrücklich, wie man aus psychotischen Krisen sogar Chancen machen kann, wenn man sich auch der eigenen Vergangenheit stellt. Sie behandelt ihre Psychose als Ausdruck einer massiven, fast überwältigenden Aktivierung eines vorher abgespaltenen Ich-Prozesses aus ihrer Vergangenheit (heute oft ego state genannt), der quasi die Regentschaft über ihr bewusstes Ich übernahm, indem sie mit ihm plötzlich massiv assoziiert wurde. Sie vermittelt auch gut nachvollziehbar, wie man die Botschaften über bisher unbewusste Bedürfnisse, welche sich in solchen ego states verstecken, konstruktiv übersetzen kann und gleichzeitig die Macht dieser ego states durch eine bewusste Steuer-Haltung transformieren kann. Sie zeigt damit auch, dass es durchaus sehr wichtig sein kann, die Vergangenheit intensiv zu beachten, schon, um aus ihr auf die gerade beschriebene Art zu lernen, aber auch, weil sie nicht nur Negatives enthält, sondern in den Erfahrungen der Vergangenheit auch die ganzen wertvollen Ressourcen-Erfahrungen schon gespeichert sind, die für die Gestaltung einer gelingenden Gegenwart und Zukunft benötigt werden und genutzt werden können.

Dieses Vorgehen kann ich entschieden unterstützen. In vielen Psychotherapien mit Menschen mit psychotischen Episoden hat es sich in unserer Arbeit schon als sehr hilfreich erwiesen, als zentrales Ziel eine steuernde »Beobachter-Haltung« oder Meta-Position aufzubauen, aus der heraus man achtsam und schnell reaktionsfähig auch schon erste Anzeichen einer Psychose-Tendenz registrieren und hilfreich auf sie reagieren kann. So können sich Menschen eigenständig dabei helfen lernen, aus dem qualitativ durchaus intensiven Träumen (häufig Albträumen) ähnelnden Prozessen heraus zu kommen und sich wieder auf den Boden unserer Konsens-Realität zu begeben.

Dieses Buch hier kann aus meiner Sicht als ein sehr wertvoller Beitrag zu genau solchen Meta-Beobachter-Positionen dem eigenen unwillkürlichem Erleben gegenüber wirken. Das schafft die Autorin nicht nur durch gut nachvollziehbare, mit erstaunlich differenzierter Beobachtungsgabe beschriebene und auch oft sehr berührende Schilderungen ihrer eigenen Prozesse, sondern auch durch gut recherchierte, thematisch passende und erhellende Bezüge zur Fachliteratur.

In beeindruckender Weise zeigt die Autorin auch, dass es sehr hilfreich sein kann, soweit man das bewusst-willentlich überhaupt kann (und dass man das zu einem bedeutsamen Grad auch kann, zeigt sie auch), das timing ganz gezielt so zu gestalten, dass man für bestimmte Phasen z. B. auch die Aufmerksamkeit von belastenden inneren Reaktionen gezielt weglenkt und sich mehr fokussiert auf das, was einem stärkt (sie nennt das »verdrängen«). Das aber heißt nicht, dass diese eventuell belastenden Prozesse ganz verdrängt werden, sondern sie stellt sich ihnen konsequent und sehr aufrichtig, aber dann, wenn sie wieder die Stärke in sich aufgebaut hat, sich differenziert so damit auseinander zu setzen, dass sie daraus chancenreiche Lernerfahrungen machen kann.

Auch die immer wieder in vielen Arbeiten hervorgehobene Beschreibung massiv erhöhter Vulnerabilität von psychotisch reagierenden Menschen transformiert die Autorin in einem treffenden und hilfreichen Reframing in das Verständnis, dass man dies auch als eine Form von erhöhter Sensibilität verstehen kann, die man auch, wenn man sie entsprechend steuern kann, auch als wertvolle Kompetenz in Beziehungen gut nutzen kann.

Betrachtet man psychotische Entwicklungen einmal aus der Perspektive, dass sich damit, ob bewusst gewollt oder nicht, auch die Haltung zeigt, sich quasi abzukoppeln von den Regelungen und Erwartungen der »Normalitäts-Gesellschaft« und unseren Positionen dabei, auf was wir uns in ihr als Konsens über unsere gültige Realität geeinigt haben, erscheinen sie in einem bestimmten Licht. Dann kann man sagen, dass sich darin auch eine extrem konsequente Haltung von radikaler Autonomie zeigt, mit der sich jemand abkoppelt und abgrenzt von dieser Normalität, allerdings zu einem oft brutal hohen Preis. Nimmt man aber an, dass sich damit auch eben ein starkes Bedürfnis nach Autonomie zeigt, sollte das Therapeuten dazu auffordern, achtungsvoll und behutsam so mit diesem Autonomie-Bedürfnis umzugehen, dass jemand dazu eingeladen und dabei unterstützt wird, seine Autonomie zu gestalten, dass sie in konstruktiver Weise ein geregeltes Leben in gerade unserer Konsens-Realität ermöglicht, ohne die erwünschte Eigenständigkeit und Einzigartigkeit aufgeben zu müssen. Auch dafür bietet dieses aus meiner Sicht auch stilistisch sehr gut geschriebene Buch ein sehr anregendes und ermutigendes Beispiel.

Jedes Jahr wird vom österreichischen Fernsehen (ORF) eine caritative Kampagne mit dem erhellenden Titel »Licht ins Dunkel« durchgeführt. Dieses Buch, da bin ich sicher, schafft Licht ins Dunkel vieler Betroffener und auch ihrer Angehörigen und stärkt damit berechtigte Hoffnung und Ermutigung. Für professionell im Gesundheitssystem Arbeitende schafft es aber auch die (hoffentlich verpflichtende) Einladung dazu, Menschen z. B. in ihren psychotischen oder sonstigen Krisen mit Achtung, Respekt für ihre Würde und auf Augenhöhe zu begegnen. Dies gelingt dann viel besser und kongruenter, wenn in Begegnungen mit Betroffenen nicht in erster Linie nur auf ihre »Schwächen« und auf Pathologie geschaut wird, sondern auf ihre sehr wohl vorhandenen Stärken und ihre mit allen anderen Menschen gleichrangige Einzigartigkeit. Selbstverständlich sollte mit dieser Einzigartigkeit immer so umgegangen werden, dass sie konstruktiv balanciert wird mit einer klaren Berücksichtigung unserer »Konsens-Realität«, die ja oft als »Normalität« ziemlich missverständlich zum normativ eingesetzten Unterwerfungs- und Anpassungs-Maßstab gemacht wird, welcher Kreativität und Autonomie behindert.

Dieses konstruktive Gleichgewicht schafft die Autorin hier in wunderschöner Weise. So mutig und offen, manchmal auch ganz schonungslos, wie sie sich ihren Lebensprozessen stellt, kann dieses Buch ein großes Geschenk werden für hoffentlich sehr, sehr viele LeserInnen.

Dr.med.Dipl-rer.pol. Gunther Schmidt
Leiter des Milton-Erickson-Instituts Heidelberg
Ärztlicher Direktor der sysTelios-Klinik für
psychosomatische Gesundheitsentwicklung Siedelsbrunn

EINLEITUNG

*Wende dein Gesicht immer der Sonne zu,
dann fallen die Schatten hinter dich.*
Thailändisches Sprichwort

MEINE ERINNERUNGEN sind nebulös an die ersten Tage, nachdem ich Psychopharmaka genommen hatte. Das Kölner Amtsgericht hatte verfügt, dass die Ärzte und Pfleger der geschlossenen Abteilung, in der ich um die Jahreswende 2015/16 mein Dasein fristete, mich auch zwangsweise dazu bringen konnten, diese Medikamente einzunehmen. In gewisser Hinsicht war mein Widerstand gebrochen, aber nicht ganz. Denn mir war klar: Ich wollte auf gar keinen Fall fixiert werden – im Zweifel unter Gewaltanwendung. Das würde ich mir nicht gefallen lassen. Ich wollte aber auch nicht so tief sinken, mich dann körperlich zu wehren. Also lieber noch Tabletten als sowas.

Der Schock hat die Erinnerungen verschwommen gemacht, sie wollen sich nicht einstellen. Verdrängung ist ein Mechanismus, der automatisch abläuft, und wenn ich diese Zeilen verfasst habe, soll er gnädiger Weise sein Werk vollenden, die Bilder, Stimmen und Gerüche dann endgültig ins Reich des Vergessens übergehen lassen. Dabei war gar nichts Dramatisches an dieser Klinik, die Einrichtung, die Möbel waren eher familiär, die Größe der Klinik überschaubar. Klar, Krankenhaus. Also Putzmittelgeruch und wenig Persönliches, Dienstpläne, überarbeitete Pflegekräfte und ein angespanntes Ärzteteam. Die Wäsche schon ein wenig ausgeblichen und hart. Und dann die Patienten – der ganz normale Wahnsinn. Sensible, aber teilweise von der Welt vergessene und geschundene Seelen mit seltsamem Gebaren: Der eine redet mit der Wand. Der zweite fühlt sich von was auch immer angegriffen. Der dritte heult wie ein Schlosshund, kann seine Stimmung aber binnen Bruchteilen von Sekunden wieder ändern. Einer isst unaufhörlich. Wer nicht zu sehr mit der sogenannten

Wirklichkeit vergleicht, kann sogar ein Idyll ausmachen. Neonlicht und das Quietschen von Schritten auf Linoleum. In Gedanken an dieses Licht, begleitet von dieser Geräuschkulisse, flackern dann doch auch die anderen Erinnerungen auf, die an Gefühle.

Unglaublich, dass ich in dieser Zeit überhaupt etwas fühlen konnte, so stark wie ich durch die Medikamente heruntergefahren und gepolstert war. Das Ziel war klar: Ich sollte zum einen wieder in der gängigen Normalität ankommen und zum anderen nicht über die Realität verzweifeln, nicht ausrasten vor Hoffnungslosigkeit, denn ich galt als verloren. Weil die Tabletten so schnell wirkten, musste ich innerhalb von wenigen Tagen und Stunden begreifen, was passiert war. Dass alles, was ich mir vorher zurechtgezimmert hatte, eine Illusion war. Weder war ich die Nichte von John F. Kennedy noch die Tochter von Mick Jagger, und ich war auch keine US-Amerikanerin oder Jüdin. Und auch als normale Christiane Wirtz war ich nicht mehr die, die ich vorher gewesen war. Kein Job, Lebensversicherung verpulvert, Freunde weg, Eigentumswohnung vor der Versteigerung.

Das alles sickerte relativ schnell in mein Bewusstsein und wirkte wie ein harter Kinnhaken. Ich war benommen und hing in der Ecke wie ein Boxer, von dem nicht klar ist, ob er nun k.o. gegangen ist oder nicht. Das Publikum hatte mich aufgegeben, so viel wurde deutlich, aber ich selbst war noch unentschlossen, wie ich reagieren sollte. Schicksalsmomente waren diese wenigen Tage im Januar. Würde ich wieder zu mir kommen, und wenn ja, mit welcher Entscheidung? Die Situation annehmen und mit all den Hindernissen kämpfen? Oder mich wie ein nasser Sack in eine Depression fallen lassen? Ich wusste es nicht. Ich musste erst einmal in meinem inneren Schatzkästchen kramen und herausfinden, ob da überhaupt noch etwas vorhanden war.

Licht suchen, so nenne ich das. Da Licht auch den Schatten mit sich bringt, ist damit wirklich alles gemeint. Einfach alles, was noch da ist und womit sich Kräfte mobilisieren lassen, auch vermeintlich schlechte Kräfte, etwa die Wut.

Es war ehrlicherweise nicht so, dass ich da irgendeinen festen Weg im Sinn hatte oder bewusst das »Katzenprinzip« angewandt hätte. Mein Verhalten war rein intuitiv. Vielleicht bin ich sogar einem kätzischen Instinkt gefolgt, der zunächst zu der Weigerung geführt hat, den Schmerz in seiner ganzen Monstrosität zuzulassen. Ich habe bei vollem Bewusstsein verdrängt – und das fand meine therapeutische Umgebung krank und unangebracht.

Doch es war nichts anderes als die Entscheidung, meine Kraft zu bündeln. Ich war entschlossen, alle Anstrengungen zu unternehmen, um irgendwann so viel wie möglich von dem wiederzuerlangen, was ich einmal gehabt hatte und gewesen war – nicht genau das und vielleicht nicht in vollem Umfang, aber doch in weiten Teilen und am liebsten sogar in einer besseren Version. Dann würde ich mit mir zufrieden sein. Was ich natürlich in dem Moment überhaupt nicht war. Aber es war trotz der Medikamente eine Erinnerung an all die wunderschönen Gaben da, die dieses Leben für einen bereithält. Materielle und immaterielle.

Da war etwa der Wunsch, um die Welt zu reisen. Da war der Wunsch, wieder mit anderen an einem Projekt, für eine gute Sache zu arbeiten und mich einzubringen. Da war der Wunsch, dass es mir gelingt, mit einem Mann und mit Menschen, die ich noch nicht kenne, Beziehungen aufzubauen, und der Wunsch, das, was ich kaputt gemacht hatte, wieder zu heilen. Natürlich auch der Wunsch, meinen Lebensabend nicht in Armut, sondern gut abgesichert verbringen zu können. Viel verlangt von dort aus, wo ich stand. Unrealistisch in den Augen meiner Umgebung, die der Auffassung war, ich würde meine Augen vor den Tatsachen verschließen. Das stimmte nicht. Ich habe die grausamen Tatsachen durchaus gesehen, aber eben auch schon den Horizont. Sicher war es in Teilen auch Schmerzvermeidung. Und so richtig kommt keiner um ihn herum, um den Schmerz. Ich habe ihn später dosiert wahrgenommen, als ich in den Mühen des Alltags festzukleben schien. In Teilen beschäftige ich mich jetzt noch damit.

Doch die eben genannten Wünsche waren mein Rettungsanker und mein Licht in der Dunkelheit. Schließlich war ich bereits mit der systemischen Theorie und Therapie in Kontakt gekommen, und die orientiert sich an den Ressourcen eines Menschen oder auch einer Organisation. Diese Grundeinstellung hat seine Wurzeln unter anderem in dem sogenannten salutogenetischen Konzept, das von dem israelisch-US-amerikanischen Soziologen Anton Antonovsky entwickelt wurde. Ganz grob gesagt, geht es dabei um die Ausrichtung auf das Gesunde[1]. Und irgendwie fand ich, ich hätte genug Gesundes in mir, um die Folgen des nicht so Gesunden wieder auszugleichen und zu befrieden. Ich machte eine Bestandsaufnahme meiner Kräfte und befand mich selbst für stark genug, die Herausforderung anzunehmen. Und schließlich bekam ich dabei sogar Hilfe, wenn auch ungewollt.

Denn da der Schatten zum Licht gehört, hat sich weitere Kraft an den Urteilen meiner Umgebung entzündet. Diese Einschätzungen machten mich wütend und ich empfand sie als anmaßend. Sie erschienen mir zu der Zeit viel wichtiger als heute, weil ich ja zutiefst in meinem Selbstbewusstsein erschüttert war. Ich wollte diese Urteile wirklich nicht annehmen. Gott sei Dank.

Das war eine ganz schön mutige Sache von mir. Denn gerade hatte ich ja erfahren, dass ich danebengelegen hatte mit meinen Konstrukten über das, was Realität ist, und war für diese Konstrukte ordentlich abgestraft worden. War ich jetzt, nach dem Abklingen der Psychose, wirklich »manisch«, wie das ein Therapeut fand, also wieder oder immer noch verrückt, weil ich schöne Pläne für die Zukunft schmiedete und mir auch zutraute, sie umzusetzen? War ich »manisch«, weil ich dachte, dass ich schon irgendwie wieder Menschen finden würde, die mich selbst mit meiner durch die psychotischen Narben holprig gewordenen Lebensgeschichte annehmen und mir eine Chance geben würden?

Ein wackeliger Teil meiner selbst sagte mir, dass ich trotz dieses massiven Rückschlags eventuell über mehr guten Glauben in das Leben und die Menschen verfügte als meine Ratgeber. Ich leistete Widerstand. Ich kämpfte gegen diese Urteile an, wollte mir und anderen etwas beweisen. Ich gebe zu, es gibt bessere Quellen von Kraft als diese. Aber wenn es ums Überleben geht, ist alles willkommen, was sich irgendwie herbeischaffen lässt.

Im Nachhinein bin ich sehr froh über diese eigensinnige Haltung. Denn für mich persönlich wäre das Leben durch die angeratene Frühverrentung in verschiedener Hinsicht die Hölle geworden. Es hätte mich völlig auf mich selbst zurückgeworfen, statt mir nach der Katastrophe Ablenkung und eine Aufgabe zu verschaffen, und es hätte mir in meinem Alter – 49 – mit Sicherheit jede Möglichkeit genommen, nach Ablauf einer zweijährigen Frühverrentungsphase wieder in den normalen Arbeitsmarkt integriert zu werden. Ich wäre auf Dauer mit so wenig Geld im Monat auch bestimmt nicht glücklich geworden und hätte ein immobiles Leben führen müssen.

Jetzt aber geht es um das, was ich Ihnen vorzuschlagen habe – immer schön der Reihenfolge nach im sogenannten Katzenprinzip. Es ist die Quintessenz aus meinen Erfahrungen. Ich habe für Sie sieben Inhalte herausgefiltert: Strategien, die sich zumindest für mich bewährt und dazu geführt haben, dass ich wieder auf den Füßen gelandet bin. Und auch wenn ich wie Sie mit beiden Beinen fest in der Realität stehe, lade ich Sie hiermit ganz herzlich zum Hüpfen ein – mehr noch, ich möchte Sie regelrecht dazu auffordern. Damit meine ich, dass Sie natürlich auch schon schnell eine Vision ihrer Zukunft haben können (Kapitel 5), obwohl sie noch mit ihrem Eigensinn (Kapitel 2) beschäftigt sind und damit, was wirklich Ihr Weg und was stimmig für Sie ist. Sie können selbstverständlich auch schon loslegen, Ihre Zukunft zu gestalten (Kapitel 6), obwohl Sie sie noch nicht als fertiges Bild vor sich sehen (Kapitel 5). Geben Sie sich einfach Punkte in den verschiedenen Bereichen und sorgen Sie insgesamt für Ausgeglichenheit. Natürlich wird nicht jeder Hinweis von mir für Sie in jeder Situation der genau passende sein. Suchen Sie sich das aus, was Sie gut gebrauchen können, das andere ist vielleicht ein andermal hilfreich. Wichtig ist mir vor allem, dass Sie am Schluss des Buches sagen können: Ich habe etwas mitnehmen können, idealerweise vor allem Motivation und Hoffnung.

Ich würde mich freuen, wenn Sie mir nachsehen könnten, dass einige Teile des Katzenprinzips typischer für die Samtpfoten sind als andere. Zum Beispiel wird niemand mit Sicherheit sagen können, ob Katzen »Visionen« haben – selbst Tierexperte und Biologe Mario Ludwig nicht. Machen Sie sich vor allem das zunutze, was Ihnen hilft, auf den Füßen zu landen und neu anzufangen mit dem nächsten der sieben Katzenleben.

Kapitel 1

SEIN LICHT FINDEN (... UND DEN SCHATTEN)

> Du hast die Probe nicht bestanden und kannst nicht länger bleiben. Geh hinaus in die Welt, da wirst du erfahren, wie die Armut tut. Aber weil du kein böses Herz hast und ich's gut mit dir meine, so will ich dir eins erlauben: Wenn du in Not gerätst, so gehe zu dem Wald und rufe: »Eisenhans!«, dann will ich kommen und dir helfen. Meine Macht ist groß, größer als du denkst, und Gold und Silber habe ich im Überfluss.
>
> Grimms Märchen, Der Eisenhans

VIELLEICHT habe ich nicht alles richtig gemacht, jedenfalls nicht so, wie sich Menschen laut psychologischer Theorie üblicherweise in einer Krise verhalten sollten oder so, wie sie es Forschungen zufolge üblicherweise tun. Doch bevor ich auf das Idealtypische eingehe und schildere, was Untersuchungen zu Lebenssituationen sagen, in denen man so richtig auf die Schnauze fällt und wieder aufstehen will, was da diskutiert und was empfohlen wird und auch was womöglich dagegen spricht, erzähle ich einfach noch einmal etwas genauer, wie es bei mir war. Sie können dann umso besser schauen, ob sich die aus diesen Erfahrungen abgeleiteten Katzenprinzipien auf Sie anwenden lassen beziehungsweise für welche Ihrer Fragestellungen sie sich eignen.

Ich stand also, wie eben erwähnt, vor den Trümmern meines Lebens und musste mich entscheiden, wie ich darauf reagieren wollte: mit Verzweiflung, Traurigkeit und Depression oder mit einer hemdsärmeligen Einstellung, alles anzupacken und zu versuchen, was mich vor dem endgültigen sozialen Abstieg rettet.

Ich habe den zweiten Weg gewählt. Ich habe mir versprochen, alles zu tun, um wieder glücklichere Voraussetzungen für eine entspannte zweite Lebenshälfte zu haben (oder für einen entspannten dritten Lebensabschnitt, je nachdem wie Sie das betrachten und wie es in meinem Leben weitergeht). Und ich habe mir geschworen, etwas anzufangen mit den vermeintlich so negativen Erfahrungen. So wie ja auch immer mehr klar wird – verzeihen Sie mir den etwas hinkenden Vergleich –, dass es echten Abfall eigentlich nicht gibt und das als Abfall deklarierte Material wiederverwertet werden sollte.

Dass ich überhaupt imstande war, diese Entscheidung zu treffen, hatte etwas mit meiner Grundeinstellung zu tun, zu der ich auch damals Zugang hatte. Trotz des ganzen Schlamassels habe ich unerschütterlich an die Schönheit des Lebens und seine guten Seiten geglaubt. Klingt banal. War aber so. Ich habe auch an mich selbst und an meine guten Seiten geglaubt, und es gab Menschen, die mich nicht im Stich gelassen haben. Das war überlebenswichtig, besonders nachdem ich so viel Verwirrung durch meine Psychosen gestiftet hatte. Egal wie heftig diese Krise gewesen sein mag, ich habe nie zugelassen – oder jedenfalls nur punktuell und kurz –, dass das Geschehene mir die Luft zum Atmen genommen hat. Natürlich musste ich auch mal heulen und dachte, ich schaffe das nicht, aber ich habe mich immer wieder bewusst entschieden, die ganze Trauer beiseitezuschieben. Ich dachte mir, wenn ich jetzt schwächele, wenn ich den Ratschlägen nachgebe und mich frühverrenten lasse, verrate ich nicht nur mich selbst, sondern verbaue mir die Zukunft, die ja noch möglich sein könnte.

Statt eine Zeit lang auf die Zähne zu beißen und mir die Rückkehr in meine gesellschaftlichen Verhältnisse zu erkämpfen, wäre ich ein für allemal draußen gewesen, gefangen im Karussell der psychiatrischen Versorgung[2].

VERDRÄNGEN VS. TRAUERN

Ich möchte hier gerne beispielhaft meine Gedanken mit Aussagen von zwei von mir sehr geschätzten psychologischen Fachleuten abgleichen. So würde die Psychoanalytikerin Verena Kast meine Einstellung vielleicht in einen Zusammenhang stellen, den sie in ihrem Buch *Auf dem Weg zu sich selbst* so geschildert hat: »In Mitteleuropa wehrt man die Depression sehr leicht submanisch ab, das heißt: Man ist sehr geschäftig, sehr tüchtig, nicht so sehr aus Freude an der Leistung als darum, nicht depressiv zu werden. Auch das stabilisiert den Selbstwert für eine gewisse Zeit[3].« Mag sein, dass ich das tatsächlich so getan habe, und vielleicht war das nicht ideal, aber unter den gegebenen Umständen war es für mich die bestmögliche Reaktionsmöglichkeit. Außerdem bin ich der Meinung, es ist besser, Sie beschäftigen sich mit Ihren Wunden und leben trotzdem Ihr Leben, als Sie manövrieren sich in Zonen hinein, die Ihnen später den Zugang zum »normalen gesellschaftlichen Leben« unmöglich machen, wie kritik- und fragwürdig dieses gesellschaftliche und das Arbeitsleben auch immer sein mögen. Der Münchner Psychologieprofessor Franz Ruppert glaubt wie einige andere, unsere und viele andere Gesellschaften seien in weiten Teilen traumatisiert, was aber wenige wahrnehmen wollten. In seinem neuen Buch[4] listet er auf, wie die traumatische Täter-Opfer-Dynamik nicht aufgelöst wird, Traumatisierungen nicht heilen können. Hier finde ich mich in einigen Vermeidungsstrategien ebenfalls wieder: Verzeihen, mich versöhnen, Kunst und Spiritualität als Ausweg. Natürlich kann ohne einen klaren Blick auf das Trauma die Gefahr bestehen, nicht wirklich zu sich selbst zu kommen. Auch ist es gerade für Menschen mit Psychosen sehr schwer, einen solchen klaren Blick auszuhalten und überhaupt herauszubekommen, welche Traumatisierungen eventuell auslösend gewesen sein könnten beziehungsweise sind. Doch glaube ich durchaus, dass Strategien, wie etwa das Schreiben, sinnvoll und unterstützend sein können.

Sein Licht finden (... und den Schatten)

In gewisser Hinsicht kämpfe ich immer noch. Ich bin zuversichtlich, dass ich meine Geschicke in richtige Bahnen gelenkt habe und sich alles fügen wird, aber es gibt immer noch deutliche Lücken – etwa zwischen meiner jetzigen materiellen Basis und der, die ich einmal hatte. Mein Ziel habe ich also noch nicht ganz erreicht (was möglicherweise für den bisherigen Zeitraum auch zu viel verlangt wäre), aber was meine Einstellungen und meine Zufriedenheit betrifft, bin ich weit gekommen. Und sind wir nicht im Grunde alle auf dem Weg zu irgendeinem Ziel? Da ist der Kredit, den es abzutragen gilt, oder der Wunsch, mit dem Rauchen aufzuhören, sich mehr Zeit für den Partner oder die Kinder nehmen. Oder jemand möchte eben, wie in meinem Fall, mehr materielle Sicherheit und Schritt für Schritt gesünder werden.

Ich bin also in der Krise meinen eigenen Weg gegangen und möchte Sie deshalb nachdrücklich darin unterstützen, dass auch Sie Ihren ganz speziellen Weg finden und gehen. Schon in der Deutung der Situation unterscheidet sich meine Auffassung von einigen anderen Meinungen. Sehen Sie es mir bitte nach, wenn es jetzt und in diesem gesamten Kapitel häufig um Definitionen geht. Aber es ist wichtig, eine Basis an Begriffen und Konzepten festzulegen und für Sie zu wissen, wieso ich diese Bezeichnung wähle und wie ich zu jenem Konzept stehe beziehungsweise warum. Die allzu wissenschaftlich anmutenden Diskurse sind in Kästen gesetzt.

Teile der Forschung sind der Ansicht, dass eine Psychose gar keine Krise darstellt und auch nicht mit psychosozialen Gründen zusammenhängt (wie in meinem Fall mit – so deute ich es selbst – Traumatisierung der Mutter und eigener Traumatisierung[5]). Auch dass ich kurz vor Ausbruch der Psychose in finanziellen Schwierigkeiten war und daher mit verstärktem Stress zu tun, außerdem eine gescheiterte Beziehung zu verkraften hatte, wird nicht von jedem für relevant gehalten. Psychose und Krise werden von manchen Forschern voneinander abgegrenzt: »Von psychosozialen Krisen zu unterscheiden ist vor allem die drohende Entwicklung oder Dekompensation schwerer psychischer Störungen, wie etwa einer Psychose. In diesem Fall ist es – auch im Hinblick auf die notwendigen Interventionsstrategien und Maßnahmen – sinnvoll, von einem psychiatrischen Notfall zu sprechen«, schreibt etwa Claudius Stein.[6]« Dafür gibt es sicher gute Begründungen, aber aus meiner Sicht wird das Phänomen so vorschnell in eine dunkle Sonderecke abgeschoben. Einige Forscher betonen auch die kurze Dauer einer Krise[7], andere grenzen sie vor allem ab von dem Begriff der Krankheit[8]. Ich persönlich erkenne natürlich ohne Schwierigkeiten an, dass ich Psychosen hatte. Und auch dass eine Diagnose wie »schizoaffektive Störung« trotz der damit verbundenen zahlreichen Stigmatisierungen phasenweise hilfreich sein mag, kann ich akzeptieren. Auf mein Leben insgesamt betrachtet möchte ich aber doch lieber von einer Krise sprechen als von einer Krankheit.

KRISE

Die Psychoanalytikerin Verena Kast[9] unterscheidet normative Übergänge im Leben (wie etwa Adoleszenz und Klimakterium) von nicht-normativen Lebensübergängen, die zum Beispiel durch Schicksalsschläge ausgelöst werden – also Tod eines Lebenspartners, eine Trennung oder der Verlust von Arbeit. Beide Arten von Übergängen können sich zu handfesten Krisen auswachsen. Kast bezieht sich auf das Krisenkonzept des Psychiaters Gerald Caplan, das dieser in den sechziger Jahren entwickelt hat. Demnach ist eine Krise schwer, zeitlich begrenzt und nicht durch die üblichen, dem jeweiligen Menschen vertrauten Bewältigungsstrategien zu lösen. Die Analytikerin folgt in ihren Beobachtungen zum Verlauf von Krisen den Stadien des schöpferischen Prozesses. Der zeichnet sich aus durch eine Vorbereitungsphase, eine Inkubationsphase, eine Einsichtsphase und eine Verifikationsphase. In der ersten Phase werden Informationen zur Lösung eines Problems gesammelt, in der zweiten Phase wendet sich der schöpferische Mensch (oder eben der Mensch in der Krise) zwar oberflächlich von der Fragestellung ab, sie gärt aber in ihm und gebiert – wenn alles gut geht – einen Einfall, der dazu führt, dass sich der Mensch irgendwann in der Einsichtsphase befindet und sich

Sein Licht finden (... und den Schatten)

freut, einen Ausweg für sein Problem gefunden zu haben. In der Verifikationsphase überprüft er die Idee. Soweit der erwünschte Verlauf. Es kann laut Verena Kast aber passieren – und zwar sowohl während des schöpferischen Prozesses als auch während der Krise –, dass aus Angst eine Kreativitätsblockade entsteht oder eben eine Blockade, die in einer Krise dafür sorgt, dass Menschen ein Problem nicht lösen können und dann »in Panik geraten«.

Genau das ist bei mir passiert, nur dass ich stärker als andere reagiert habe, indem ich als Ausweg in den Wahn, also in die Psychose geraten bin. Die Krise, die sich an diesen Wahn angeschlossen hat, also den Aufprall in der Wirklichkeit, habe ich in Teilen wie gesagt bewusst verdrängt. Das hat es für mich auch nachvollziehbar gemacht, wieso viele Menschen nach dem Zweiten Weltkrieg weder nach rechts noch nach links geschaut und sich nicht um die Vergangenheit geschert haben. Ihnen hat ja die Psychoanalytikerin Margarete Mitscherlich sicherlich zu Recht eine »Unfähigkeit zu trauern« attestiert. Auch ich habe nicht sofort um alle Verluste getrauert, die ich zu beklagen hatte. Das wäre zu monströs gewesen und hätte mich geradewegs in eine Depression katapultiert. Wie schon angedeutet, ist die Verarbeitung dann allmählich passiert, in der schrittweisen Konfrontation mit dem Alltag und mit den schmerzlichen Erinnerungen, etwa an zerbrochene Freundschaften, an meine Kollegen oder den Schutz meiner wirklich mit viel Liebe eingerichteten Wohnung.

Ich kann das nicht als Rezept für jeden empfehlen, denn wer es schafft, seine Verluste gleich zu betrauern, wer psychisch dazu in der Lage ist und wen das nicht zu sehr schwächt, für den mag das genau das Richtige sein. Für alle anderen ist die »Augen-zu-und-durch-Methode« zumindest zeitweise eine Option. Sie schützt davor, zur unpassenden Zeit Energie zu verwenden, die gerade für anderes gebraucht wird, denn der Trauerprozess kostet schließlich auch Kraft.

Dieser hat idealtypisch – ich halte mich auch hier wieder an Verena Kast – vier Phasen: die Phase des Nicht-wahrhaben-Wollens, die Phase der »aufbrechenden, chaotischen Emotionen«, die Phase des Suchens-Findens-und Sich-Trennens und schließlich die Phase des neuen Selbst- und Weltbezuges. Ich habe diesen Prozess immer noch nicht ganz abgeschlossen, wenngleich ich von allen diesen Phasen bereits Episoden erlebt habe.

Der Terminus Krankheit[10] bringt in einigen psychiatrischen Zusammenhängen die Annahme mit sich, dass sich die Dinge nicht bessern können und Heilung ausgeschlossen ist. Vor allem Beschreibungen wie »schizoaffektive Störung« schultern das schwere Gepäck, dass sich ja sowieso nichts ändern lässt, Bemühungen um Genesung vergeblich sind. Es ist für mich die Frage, ob ich als Sisyphos oder als Odysseus gelten und durchs Leben gehen soll, und da möchte ich mich doch lieber als weiblicher Odysseus sehen und eine lange Irrfahrt hinter mich bringen. Wenn Krisen nämlich als notwendige Stationen auf dem Weg zur Menschwerdung betrachtet werden und daher mit Würde versehen sind, ist es für mich viel leichter, sie zu bejahen. Der Soziologe Bruno Hildenbrand sagt zur Krise mit Bezug auf die Vertreibung Adams und Evas aus dem Paradies Folgendes: »Dass Menschen mit Widerständen konfrontiert sind, wenn sie versuchen, die Verantwortung für ihr Leben zu übernehmen, ist im Verständnis der abendländischen Zivilisation demzufolge nicht ein beklagenswerter Umstand, den es zu beseitigen gilt, sondern zentraler Bestandteil der Conditio humana. Anders gesprochen: Seit der Vertreibung des Menschen aus dem Paradies stellt die Krise und nicht die Routine den Normalfall menschlichen Lebens dar.«[11] Krankheit ist ein engerer Begriff als Krise. Das Wort Krise ist offener und gnädiger, sperrt einen weniger aus, und betont eben das »Normale« des Phänomens im Lauf eines Menschenlebens. Es umfasst die Möglichkeit, sich persönlich weiterzuentwickeln und einen Weg aus der Krise herauszufinden. Zwar kann dieser Ansatz, Krisen würden zu Wachstum führen, bei denjenigen, die ein solches bei sich nicht ausmachen können, auch zu Frustration und weiterer Belastung führen. Manche Forscher, etwa Sigrun-Heide Filipp, verweisen darauf und meinen, eine solche positive Entwicklung nicht gesichert ausmachen zu können.[12] Ich glaube aber sehr wohl, dass mich vor allem die letzte, heftigste Krise persönlich weitergebracht hat und das noch immer tut. Letztlich hat doch jeder, der bei Bewusstsein ist und Zeit zum Nachdenken hat, die Deutungshoheit über sein Leben und sein Leiden und darüber, welchen Sinn er dem Ganzen geben möchte. In meinen Augen ist es einfach eine, wenn auch (sehr) schwere Entscheidung, die in Reife und Selbstverantwortung führt.

Sein Licht finden (... und den Schatten)

Zusammenfassend stellt für mich meine Psychose ganz selbstverständlich eine existenzielle Krise dar. Und hier bekomme ich wieder einmal – zumindest vorsichtig – Schützenhilfe von systemischer Seite.

Die systemische Psychiatrie[13] interpretiert eine psychische Störung/Krankheit nämlich durchaus als Krise.

EGO STATES

In meinem Fall würde ich von einer Entwicklungskrise sprechen. Das ist ein Begriff aus der Entwicklungspsychologie und bezieht sich auf eine Phase im Kleinkindalter, in der ein Autonomie-Bindungskonflikt entsteht, der meiner Meinung nach mit einer nicht wirklich gelösten Mutterbindung[14] zu tun hat. Etwas, das sich in der Kindheit nicht herausbilden, das nicht reifen konnte, strebt gewissermaßen nach »Erlösung«, schafft aber die Hürde nicht. Eine sogenannte normative Krise (regelhafte Krisensituation wie etwa die Einschulung, der Berufsbeginn, die Ablösung von der Herkunftsfamilie oder eben das Erreichen einer sicheren, ausgewogenen Bindung zur Mutter im Kleinkindalter, eine Bindung, die dann Autonomie erlaubt) wurde eben nicht zufriedenstellend überwunden und führt zu einer sogenannten nicht-normativen Krise (also nicht zu erwartenden Krise)[15].

So könnte es jedenfalls sehr gut in meinem Fall sein, gewesen sein. So sagt es mir mein Gefühl und so passt es auch in sehr vieles, was ich über Psychosen weiß.

Das findet seinen Widerhall in der systemischen Therapie, und zwar in der Vorstellung, es gebe viele verschiedene innere Teilidentitäten oder Persönlichkeitsanteile, sogenannte »Inner States« oder »Ego-States«, die in ihrer Gesamtheit das Ich ausmachen.[16] Die beiden Psychologen Kai Fritzsche und Woltemade Hartman definieren Inner States als »kreative Ausgestaltungen sowohl des Gehirns als auch der Persönlichkeit im Bemühen des menschlichen Organismus, durch die Welt zu kommen, in der er lebt. Jeder Ich-Zustand besitzt seine eigenen, relativ überdauernden Affekte, Körperempfindungen, Erinnerungen, Fantasien und Verhaltensweisen, und er hat auch seine eigenen Wünsche, Träume und Bedürfnisse. Ich-Zustände stehen in ähnlicher Weise zueinander wie Familienmitglieder ... (sie) weisen sich Rollen zu, verfolgen gemeinsame Projekte, Zwecke und Ziele. Wie in Familien kann es auch hier Grüppchen und Allianzen geben und ebenso Feindseligkeiten und Konflikte.«[17] Da gibt es neben vielen erwachsenen Persönlichkeitsanteilen in mir eben auch die wilde kleine Christiane, die, wenn sie nicht von einer anderen Identität an die Hand genommen und gezähmt wird, während der letzten Psychose die Alleinregierung für sich eingefordert hat. Denn meiner Meinung nach bin ich sowohl selbst traumatisiert als auch indirekt über meine Mutter, und diese kleine Christiane ist ein sogenannter emotionaler Persönlichkeitsanteil, der abgespalten, dissoziiert ist.[18] Das passt ebenfalls zum Konzept des »Inneren Kindes«[19], das meiner Meinung nach eben genauso für Menschen gilt, die psychische Krisen und oder auch Psychosen erlebt haben.

Kommen wir aber jetzt zu dem, was für mich das Ende der Krise einläutet und in gewisser Weise die Entscheidung »Ja« zum Leben bedeutet: zu dem Blick auf die Ressourcen, dem Vermessen der inneren Kraft oder zu dem, was ich gerne etwas blumiger benenne als »Licht suchen und finden«.

Für mich persönlich war eine ganze Reihe von Dingen entscheidend. Zum einen gab es in mir die schon erwähnten Wünsche, die ich mir noch erfüllen wollte. Zum anderen war da die Kraft, die aus meinem Widerstand gegen eine Frühverrentung erwachsen ist. Dazu kam die Erfahrung mit vorangegangenen Krisen, aus denen ich nach einiger Zeit wieder besser aufgestellt hervorgegangen bin als zuvor, auf alle Fälle stimmiger. Da waren Reste von Selbstbewusstsein und Selbstvertrauen: Du schaffst das, es wird sehr schwer, aber du schaffst das. Und Erinnerungen an andere gute Eigenschaften von mir. Wichtig war auch mein Wissen um Ansätze in der Forschung, die Hoffnung vermitteln. Das wappnet für den Entschluss, eigensinnig zu sein und zu bleiben. Aber um den Eigensinn geht es ja erst im zweiten Kapitel.

Sein Licht finden (... und den Schatten)

Ich habe mir also alle Positivfaktoren vor Augen geführt und dann einen Strich unter meine Rechnung gemacht – eine Art grob über den Daumen gepeilte innere Vermessung der mir zur Verfügung stehenden Energie.

Auch Verena Kast[20] betont, wie enorm wichtig es ist, in einer Krise seine »Ressourcen« zu finden. In der gesamten systemischen Forschung nimmt die Ressourcenorientierung einen großen Raum ein, sie ist oder soll Grundhaltung und Grundannahme sein. Das Prinzip der Lösungsorientierung ist vor allem Steve de Shazer[21] zu verdanken, denn auch ihm geht es sehr um Ressourcen. Sie sind im Klienten angelegt, sind seine Kraftreserve, können nur zurzeit nicht genutzt werden, sind nicht zugänglich. Die Aufgabe einer Therapie ist es, vorhandene Ressourcen zu aktivieren. Dieser Ressourcenbegriff umfasst natürlich weit mehr, als ich damals an »Licht« in der Krise sehen konnte. Aber ich kannte das Konzept, und es hat mich bei der Suche nach Faktoren auf der »Guthaben«-Seite sehr unterstützt.

RESSOURCEN

Der Arzt und Psychotherapeut Claudius Stein umschreibt Ressourcen als »sowohl unspezifische allgemeine Kräfte, als auch individuelle Fähigkeiten des Menschen, die zur Bewältigung von Aufgaben und Anforderungen mobilisiert werden können. Soziale Ressourcen sind die allgemeinen sozioökonomischen Lebensbedingungen des Individuums, also seine finanziellen Möglichkeiten, das Vorhandensein von Arbeits- und Wohnmöglichkeiten, aber auch die Verfügbarkeit eines tragfähigen sozialen Netzes und mitmenschlicher Unterstützung. Persönliche Ressourcen hingegen haben individuellen und subjektiven Charakter. Dazu gehören zum Beispiel Persönlichkeitsmerkmale und Fähigkeiten, wie Introspektionsfähigkeit, die Bereitschaft, sich anderen mitteilen zu können, Zugang zu den eigenen Emotionen, Realitätssinn, Selbstwirksamkeit, Optimismus und internale Kontrollüberzeugung.

Als instrumentale Ressourcen bezeichnet man die Verfügbarkeit erworbener Problemlösungsstrategien.«[22]

Miriam Deubner-Böhme und Uta Deppe-Schmitz, beide Coaches und Psychotherapeutinnen, beschäftigen sich in mehreren Veröffentlichungen mit der Ressourcenorientierung beziehungsweise der Ressourcenaktivierung.[23] Für sie sind innere Ressourcen etwa Fertigkeiten, Eigenschaften, Interessen, Wissen, Einstellungen. Unter externen Ressourcen verstehen sie das soziale Netz, die Arbeit, die Infrastruktur (also in Bezug zur eigenen Wohnung), die Natur und die Kultur. Sie zitieren den Sozialpädagogen Frank Nestmann mit folgender Definition: »Letztlich alles, was von einer bestimmten Person in einer bestimmten Situation wertgeschätzt wird und als hilfreich erlebt wird, kann als Ressource betrachtet werden ... eine Sache ist nicht an sich eine Ressource, sondern wird erst dann zu einer solchen, wenn sie von einem Menschen für dessen individuelle Zwecke genutzt wird.«[24]

Die Kraft, die ich daraus bezogen habe, dass ich mich nicht in das Urteil »Frühverrentung« fügen wollte, lässt sich unter einem solchen weiten Ressourcenbegriff einordnen. Es scheint mir aber auch etwas zu sein, das Verena Kast[25] mit Bezug auf C. G. Jung im Sinne von etwas Unerwünschtem und Verdrängtem als »Schatten« bezeichnet hat. Auf der anderen Seite hat sie etwas mit Eigensinn (vgl. Kapitel 2) und »Resilienz« zu tun – auch wenn ich Resilienz (ich gehe im dritten Kapitel noch einmal ausführlich auf diese teils angeborene, teils erworbene und erwerbbare Fähigkeit ein) in diesem Fall weniger als Widerstandskraft definieren würde, sondern als eine Art Beharrungsvermögen, sich nicht den positiven Blick auf sich selbst austreiben zu lassen und seinen Weg zu gehen.

Wieso bezeichne ich dieses Beharrungsvermögen als »Schatten«? Vor allem deshalb, weil er von meinem damaligen Umfeld in der Klinik nicht von allen als positive Eigenschaft gewertet wurde, sondern eher als ein Persönlichkeitsdefizit (»Die Patientin nimmt keinen Rat an, verweigert den Blick auf die Realität«), wenn nicht sogar als ein Anzeichen anhaltender Krankheit. Ich bin so froh, dass ich mich letztlich nicht habe beirren lassen. Dabei hatte ich sogar einmal einen Termin bei der Deutschen Rentenversicherung, konnte denen

aber schließlich mitteilen, ich hätte Arbeit gefunden und benötige die Rente jetzt doch nicht. Ich verstehe bis heute nicht, wieso es zumindest einigen Therapeuten besser erscheint, ihre Patienten in einem unselbständigen Zustand zu halten, als sie darin zu unterstützen, auf eigenen Füßen zu stehen und sich etwas zuzutrauen. Und das verstehe ich auch dann nicht, wenn ich die besonderen Bedingungen berücksichtige, mit denen Psychiatrie zu tun hat.

Generell wird unglaublich viel Kraft von Menschen, die in psychischen Krisen stecken, einfach vergeudet. Statt sie zu nutzen, wird versucht, sie mit Diagnosefloskeln als unwillkommen zu entsorgen. Eine Diagnose muss sicher manchmal sein und ist mitunter natürlich hilfreich, aber sie sollte vor allem im Dienst des Patienten beziehungsweise Klienten stehen und nicht dazu dienen, Stigmatisierungen zu untermauern und strukturelle oder individuelle Schwächen abzufedern. Mein »erhöhter Antrieb« zum Beispiel, der mir mit der Diagnose »schizoaffektive Störung« zugeschrieben worden ist, kann doch, solange er sozialverträglich ist, gut eingesetzt werden, um mich wieder aufzurichten. Und ganz ehrlich: Ist es angesichts der Aussicht auf ein Restleben in den Fängen der psychiatrischen Dauer-Obhut (sage ich jetzt einmal provokativ) nicht normal beziehungsweise sogar angebracht, einen erhöhten Antrieb zu entwickeln?

Einen anderen »Schatten« habe ich in jüngster Zeit gerade wieder als Schatz beziehungsweise Ressource entdeckt. Man sagt Menschen mit Schizophrenie oder einer schizoaffektiven Störung eine besondere Verletzlichkeit nach: Sie bekommen »alles mit«, hören »Flöhe husten«[26], zeigen also eine besondere »Vulnerabilität«, die sie unter Stress in Psychosen hineingleiten lässt. In der psychotischen Variante ist das sicher ein Problem. Aber wenn eine solche »Verletzlichkeit« nicht in einer völlig übersteigerten Form auftritt und der Mensch mit dieser Eigenschaft sich ihrer bewusst ist und sich klarmacht, dass die Wahrscheinlichkeit, jemand habe ihn absichtlich verletzt, sehr gering ist, dann sind die Folgen dieser Eigenschaft mit Sicherheit ein Gewinn – er kann sich nämlich besonders empathisch verhalten und sehr viele Eindrücke aufnehmen. Für mich überwiegen jedenfalls eindeutig die Pluspunkte. Wichtig ist nur, dass ich mich in den entsprechenden Situationen in eine ruhige Umgebung zurückziehen kann, dass ich Zeit habe, Eindrücke zu verarbeiten, dass ich genug Pausen und Freiräume habe. Verletzlichkeit ist übrigens eine Eigenschaft, die in jüngster Zeit auch in der öffentlichen Diskussion engagierte Fürsprecher gefunden hat[27], etwa in Veröffentlichungen über hochsensible Menschen.

Auch hier bekomme ich prominente Schützenhilfe – von einem US-amerikanischen Psychiater namens Dale Archer. Schon der Titel seines neuen Buches verrät, in welche Richtung es geht: *Nicht normal, aber ziemlich genial. Warum unsere psychischen Störungen unsere Stärken sind.*[28] Archer macht acht Persönlichkeitsmerkmale aus, die er allesamt von psychischen Störungen beziehungsweise Krankheiten ableitet. Von ADHS über die Zwangsstörung bis hin zur Bipolarität, aber eben auch zur Schizophrenie, stellt Archer die These auf, dass nur die übersteigerten Formen krankhaft sind. In sozialverträglichen Dosierungen hingegen, die bei ihm auf einer Skala von null bis zehn reichen können, sind sie Pfunde, mit denen gewuchert werden kann.

Archers Position beruht auf einer Beobachtung, die er häufiger machte, nämlich dass »die Therapie genau wie die Medikamente nur dazu diente, eine als ›unnormal‹ angesehene Eigenschaft zu kurieren.«[29] Es ist ihm wichtig zu zeigen, dass in solchen Fällen »das Pendel zu weit geschwungen war, dass nicht jede oder jeder eine Therapie oder Medikamente brauchte und dass die Anerkennung dessen, wer wir sind, der Schlüssel zu Erfolg und Glück ist.«[30] Es gilt also, das Kind nicht mit dem Bade auszuschütten. Dass es zu einer Störung kommen kann, wenn etwas zu stark ausgeprägt ist, ist kein Grund für eine grundsätzliche Ablehnung – es ist alles nur eine Frage des richtigen Maßes.

Ohne die krassen Wirkungen einer echten Bipolarität oder Schizophrenie beschönigen zu wollen, attestiert Archer den entsprechenden Gefühlszuständen in der richtigen Dosierung große Kraft. Bipolarität ist für ihn gekennzeichnet von hoher Energie, Selbstbewusstsein, Resilienz, Lebendigkeit, Enthusiamus, Kreativität und Tatkraft. Schizophrenie bringt er mit einer Begabung zum magischen Denken in Verbindung, das für ihn gekennzeichnet ist von einem ausgeprägten siebten Sinn und einer starken Intuition, außerdem mit Fantasie, Intelligenz und Glaube beziehungsweise

Vertrauen. Eine gesellschaftlich akzeptierte und kaum hinterfragte Form magischen Denkens sei etwa die Idee der romantischen Liebe oder der Glaube an Gott.

Mit einer solchen Sichtweise kann jemand nach einer psychischen Krise lernen, sich selbst anzunehmen. Es ist dann nicht nötig, sich zu bekämpfen, sondern es geht lediglich darum, die Balance zu finden und an dem stimmigen Maß zu arbeiten.

Was aber bedeutet »Licht suchen und finden« genau, wenn Sie am Tiefpunkt angelangt sind und es tatsächlich darauf ankommt? Wenn eventuell – wie in meinem Fall und wie leider wohl in der Regel in der akuten Psychiatrie – kaum Möglichkeiten für ein therapeutisches Gespräch gegeben sind, auch nicht mit einem Coach oder einem guten Freund, wenn Sie als Betroffener oder Betroffene überlastet und überfordert sind? Dann sind Sie zunächst auf sich selbst angewiesen und müssen einen Großteil dieser Arbeit selbst anpacken. Das hat auch gute Seiten. Sobald Sie aus der Klinik oder dem Krankenhaus entlassen sind (für den Fall, dass es nicht um eine psychische Krise geht, sondern etwa um Krebs), können Sie sich um einen guten Therapeuten oder Berater kümmern und ihre Auffassung mit ihm und mit Ihrem Partner oder mit Freunden besprechen und diskutieren. Aber es kann eben auch der Fall sein, dass Sie mit Ihrer Krise alleine sind wie ich vor drei Jahren.

Ich kann und möchte Ihnen da jetzt nicht noch eine wissenschaftlich ausgefeilte Methode vorstellen, sondern aus meiner persönlichen Erfahrung heraus Schritte des von mir so genannten »Katzenprinzips« aufzeigen, die mir geholfen haben und bei denen für Sie sicherlich etwas dabei ist. Wenn Sie also ganz unten sind und das »Licht suchen«, das Ihnen eine Richtung anzeigen soll, in die Sie gehen können, dann stellen Sie sich selbst einfach Fragen wie:

- Möchte ich »Ja« zum Leben sagen oder ist es noch ein »Jein«?
- Was könnte das Leben mir noch bieten?
- Was kann mir Kraft geben, wenn ich daran denke?
- Welche Wünsche habe ich?
- Was haben andere in meinem bisherigen Leben Gutes über mich gesagt? Und weshalb glaube ich ihnen, dass das stimmt?

- Wann habe ich schon einmal eine Krise erfolgreich gemeistert? Was hat mir dabei geholfen?
- Wenn es um die Therapieart oder um generelle Einschätzungen geht, können auch andere Fragen nützlich und wichtig sein: Wo sehe ich etwas anders als mein Umfeld? Spüre ich tief in meinem Inneren, dass meine Position für mich selbst doch die stimmigere ist? Sollte ich – nach ernsthafter Prüfung der Einwände – vielleicht auf meiner Auffassung beharren?

Diese Fragen müssen Sie nicht systematisch eine nach der anderen abarbeiten, auch wenn Sie logischerweise mit der Frage nach dem Ja zum Leben beginnen sollten. Auch eine eindeutige Antwort auf diese Frage ist keine Garantie, dass es Ihnen nicht zwischendurch zu viel wird, dass Sie nicht an sich zweifeln und sich diese Frage immer wieder stellen müssen – wie die anderen auch. Aber dieses erste Kapitel ist als eine Art Erste-Hilfe-Kapitel gedacht. Denn ganz am Anfang steht Ihre Kraft, die Sie ausloten müssen, dann können Sie im zweiten Schritt entscheiden, wie Sie sie verwenden. Je mehr positive Antworten Sie auf die oben genannten Fragen zusammenbekommen, desto besser. Manchmal ist es schwer, das eigene »Licht« überhaupt zu sehen oder sich daran zu erinnern. Manchmal fehlt es angesichts der Schwere von psychischen und anderen Krankheiten und der Lebenssituation, der jemand ausgesetzt ist, einfach an Energie. Diese Tage hatte ich natürlich auch und erlebe sie heute gleichfalls noch gelegentlich, allerdings selten.

Wer mag, kann die Antworten auf diese Fragen aufschreiben. Das habe ich gemacht. Für mich persönlich (aber das kommt noch ausführlich in Kapitel vier) kann die positive Unterstützung, die ich durch das Schreiben erfahren habe, gar nicht überschätzt werden. Wenn Sie also einen Zugang zu dieser uralten Kulturtechnik finden wollen oder sowieso schon haben: Schreiben Sie auf, was Ihnen Gutes einfällt und notieren Sie auch, was Ihnen jetzt gerade schon an Positivem widerfährt. Vielleicht sind diese Dinge ein Hinweis darauf, dass sich die Stimmungskurve aufwärts und die Krisenkurve wieder abwärts bewegt und dass Sie den Wendepunkt hinter sich gelassen haben. Wenn einem der Boden unter den Füßen fehlt, hilft es

auch, Tagebuch zu schreiben. Das gilt sogar für den Fall, dass kaum etwas passiert, oder wenn Sie durch Medikamente in ihrer Lebensfreude oder in Ihrer Fähigkeit, zu fühlen und wahrzunehmen, eingeschränkt sind, wie das bei mir in der Klinik zeitweise der Fall war. Schreiben Sie wenigstens ein paar Zeilen. Was Sie notieren, kann wie ein Gerüst wirken, wenn kaum etwas anderes greifbar ist.

Und als sie an der Hochzeitstafel saßen, da schwieg auf einmal die Musik, die Türen gingen auf und ein stolzer König trat herein mit großem Gefolge. Er ging auf den Jüngling zu, umarmte ihn und sprach: »Ich bin der Eisenhans und war in einen wilden Mann verwünscht, aber du hast mich erlöst. Alle Schätze, die ich besitze, sollen dein Eigentum sein.«

Grimms Märchen, Der Eisenhans

―――― Paulas Schreibübung ――――

Stellen Sie sich vor, Sie könnten Ihrem eigenen Begräbnis beiwohnen. Ihr Mann oder Ihre Frau, Ihr bester Freund, Ihre beste Freundin oder ein Ihnen sehr nahestehender Verwandter, eine sehr nahestehende Verwandte hat es übernommen, eine Grabrede über Sie zu halten. Er oder sie streicht Ihre besonders positiven Eigenschaften heraus, fasst zusammen, was Sie in Ihrem Leben Gutes bewirken konnten und was Sie möglicherweise nicht mehr zu einem Abschluss bringen konnten. Schreiben Sie diese Grabrede auf. Was fällt Ihnen dabei auf?

Gibt es vielleicht etwas, das Sie bislang nicht gewagt haben, aber anstreben könnten?[31]

Variation

Listen Sie die positiven Eigenschaften auf, die Ihr Freund oder Ihre Freundin bei Ihnen ausgemacht hat. Stellen Sie sich morgens vor den Spiegel und sagen Sie sich selbst laut vor, was Sie sind – zum Beispiel belastungsfähig, zuvorkommend, mutig usw. Sagen Sie es genau so: Ich bin belastungsfähig. Ich bin zuvorkommend. Ich bin mutig. Versuchen Sie, diese Übung wenigstens ein paar Wochen lang beizubehalten und horchen Sie in sich hinein: Es zeigt Wirkung! Es stärkt Selbstbewusstsein und Selbstliebe. Finden Sie Ihr Licht.

Kapitel 2

EIGENSINN

Out of the night that covers me,
Black as the pit from pole to pole,
I thank whatever gods may be

For my unconquerable soul.
In the fell clutch of circumstance

I have not winced nor cried aloud.
Under the bludgeonings of chance

My head is bloody, but unbowed.
Beyond this place of wrath and tears

Looms but the horror of the shade,
And yet the menace of the years

Finds and shall find me unafraid.
It matters not how strait the gate,

How charged with punishments the scroll,
I am the master of my fate:

I am the captain of my soul.[32]
   William Ernest Henley, Invictus

DAS GEDICHT, das ich Ihnen hier präsentiere, mag schwer und pathetisch sein, aber es hat schon so berühmten Menschen wie Nelson Mandela Trost und Halt gespendet. Der ehemalige US-Präsident Barack Obama hat dieses Gedicht bei einer Gedenkfeier für Mandela am 10. Dezember 2013 zitiert. Der Mensch, der es nach 1873 geschrieben hat, William Ernest Henley, litt unter furchtbaren physischen und psychischen Schmerzen, weil ein Bein amputiert werden musste und eine Weile lang auch das zweite akut bedroht war. Er verfasste es während der Rekonvaleszenzphase, also nachdem er sich aus seiner schweren Krise heraus gekämpft hatte. Henley hatte sich gegen die Amputation des zweiten Beines vehement gesträubt und blieb auf diese Art »Master«, also Herr seines Schicksals.

Mit meiner Auswahl befinde ich mich also in bester Gesellschaft. Überhaupt fällt es beim Thema Eigensinn leicht, gute Vorbilder zu finden. Denken Sie etwa an Steve Mc Queen in seiner Rolle als »Papillon«, der in dem gleichnamigen Kinofilm einen aussichtslosen Versuch nach dem anderen unternimmt, aus einem Gefangenenlager in die Freiheit zu entkommen – ein unermüdlicher und letztlich erfolgreicher Kampf. (Der Film nach einem autobiografischen Roman von Henri Charrière stammt aus dem Jahr 1973. 2018 ist eine Neufassung in die Kinos gekommen.) Dies ist kein Aufruf zum absoluten Aufbegehren, sondern ein Appell an Ihr Ich, sich treu zu bleiben. Ob Sie sich nämlich für die Variante von Papillon (Steve Mc Queen) entscheiden und sich einfach nicht mit bestehenden Verhältnissen abfinden wollen oder ob Sie sich zufrieden geben und auch glücklich sind, so wie es in dem Film Louis Dega tut (dargestellt von Dustin Hoffman) – das sind eben zwei unterschiedliche Wege, von denen keiner der bessere ist. Es zählt nur, welcher für Sie persönlich stimmiger ist.

Ein anderes gutes Beispiel, vielleicht nicht ganz so bekannt, ist General Kurt von Hammerstein-Equord, dessen Geschichte Hans Magnus Enzensberger in seiner dokumentarisch-fiktiven biografischen Darstellung *Hammerstein oder der Eigensinn*[33] beschrieben hat. Enzensberger porträtiert den ehemaligen Chef der deutschen Armee, der getreu seinem Grundsatz »Angst ist keine Weltanschauung« Hitler 1933 eine Absage erteilte und seinen Abschied nahm, als der Diktator in einer Geheimrede seine Weltkriegsabsichten kundtat.

Prominenter ist wahrscheinlich ein anderer Deutscher, der Literaturnobelpreisträger Hermann Hesse (1877–1962), und sein Eigensinn. Er focht als Jugendlicher heftige Kämpfe mit seiner Familie aus. Ein ganzes Buch[34] besteht nur aus Äußerungen Hesses zum

Eigensinn. Meiner Ansicht nach ist jede Zeile lesenswert und es sind viele kluge Bemerkungen dabei. Der Kern seiner Einschätzung ist der: »Eine Tugend gibt es, die liebe ich sehr, eine einzige. Sie heißt Eigensinn. – Von allen den vielen Tugenden, von denen wir in Büchern lesen und von Lehrern reden hören, kann ich nicht so viel halten. Und doch könnte man alle die vielen Tugenden, die der Mensch sich erfunden hat, mit einem einzigen Namen umfassen. Tugend ist: Gehorsam. Die Frage ist nur, *wem* man gehorche. Nämlich auch der Eigensinn ist Gehorsam. Aber alle anderen, so sehr beliebten und belobten Tugenden sind Gehorsam gegen Gesetze, welche von Menschen gegeben sind. Einzig der Eigensinn ist es, der nach diesen Gesetzen nicht fragt. Wer eigensinnig ist, gehorcht einem anderen Gesetz, einem einzigen, unbedingt heiligen, dem Gesetz in sich selbst, dem ›Sinn‹ des ›Eigenen‹ ....Würde die Mehrzahl der Menschen diesen Mut und Eigensinn haben, so sähe die Erde anders aus. Unsere bezahlten Lehrer zwar sagen, es würde dann alles drüber und drunter gehen. Beweise haben und brauchen sie nicht. In Wirklichkeit würde unter Menschen, die selbständig ihrem inneren Gesetz und Sinn folgen, das Leben reicher und höher gedeihen.«[35]

An einer anderen Stelle sagt Hesse: »Eine Persönlichkeit, ein einmaliger, eigener Mensch zu werden, ist nicht jedem bestimmt, der Weg dahin hat Gefahren und bringt Schmerzen, er bringt aber auch Glück und Tröstungen, die die andern nicht kennen. Ängstigen Sie sich nicht zu sehr, fliehen Sie weder ins Kindliche zurück noch nach vorwärts in Trotz und Schnoddrigkeit, es würde Ihnen beides nichts nützen. Sagen Sie Ja zum Besten und Stärksten in Ihnen! Dann geht es schon weiter.«[36]

Diese Bemerkungen dürfen nicht missverstanden werden. Zwar wirkt es ein wenig elitär, dass Hesse der Auffassung war, Selbstverwirklichung sei nicht jedem möglich, aber Hesse spricht zu uns aus einer ganz anderen Zeit.

Vielleicht sind Ihnen diese Beispiele zu historisch. Dann denken Sie doch einmal an einen Mann, der zugegebenermaßen auch nicht mehr lebt – er ist 2011 gestorben –, aber den wirklich viele von uns als ganz herausragenden und eigensinnigen Kopf kennen: den Apple-Gründer und Milliardär Steve Jobs. Einige werden schon wissen, worauf ich jetzt hinaus möchte – auf seine Krebserkrankung. Ich möchte erinnern an das, was er angesichts dieser Erkrankung zu Studenten der Universität Stanford gesagt hat. Ich gebe die für dieses Kapitel wichtigsten Zeilen seiner Rede im Wortlaut wieder. Jobs sagte:

»Deine Zeit ist begrenzt, also verschwende sie nicht damit, das Leben eines anderen zu leben. Lass dich nicht von Dogmen in eine Falle führen – also lebe nicht von den Ergebnissen des Denkens anderer Menschen. Lass nicht zu, dass der Lärm der Meinungen anderer deine eigene innere Stimme übertönt. Und vor allem, hab den Mut, deinem Herzen und deiner Intuition zu folgen. Diese wissen schon, wie du dich wirklich entwickeln willst. Alles andere ist nebensächlich.«[37]

Was verbindet also diese berühmten Menschen, worin besteht ihr Eigensinn, wie definieren sie ihn? Sie lassen sich von ihrem eigenen Weg nicht abbringen, sondern hören auf die feine Stimme im Inneren, die ihnen die Richtung weist, auch wenn diese Richtung nicht die ist, die die Mehrheit einschlägt oder einzuschlagen scheint. Eigensinn ist eine Unbeirrbarkeit, die zwar vorübergehend, aber nicht dauerhaft erschüttert werden kann: Wenn ich mir selbst folge, verwirkliche ich mich, bringe ich mich als Individuum mit ganz besonderen Eigenschaften und Fähigkeiten ein, bin ich nicht nur mit mir selbst, sondern letztendlich auch mit den anderen im Einklang, weil ich authentisch, ehrlich und stimmig bin. Denn ich gehe dem mir eigenen Sinn nach.

Dabei hat Eigensinn nichts mit Egoismus zu tun, wie die Psychologin Ursula Nuber, eine große Freundin des Eigensinns, betont: »Als eigensinniger Mensch setzen Sie sich für Ihre Rechte und Interessen ein, aber in einer Art und Weise, die die Rechte anderer nicht verletzt und auch nicht deren Gefühle. Während Egoisten der Meinung sind, ›Die Welt ist grundsätzlich feindlich, deshalb muss ich schauen, wo ich bleibe‹, haben Sie als Eigensinniger eine ganz andere Haltung: ›Ich habe Bedürfnisse und Wünsche. Andere haben auch Bedürfnisse und Wünsche. Ich habe Rechte und darf sie artikulieren – andere haben auch Rechte‹. Sie respektieren Ihre eigenen Rechte und die der anderen. Ein egoistischer Mensch dagegen drängt anderen seine Meinung auf und lässt keine andere gelten.«[38]

Wie Hesse schon betont hat, sind es alte, überkommene Vorstellungen, die manchen dazu verleiten, Eigensinn mit einem notorischen Ungehorsam zu verbinden oder mit einem scheinbar sinnlosen Kampf wie dem von Don Quichote oder Michael Kohlhaas. (Ob die Bemühungen von Don Quichote und Michael Kohlhaas wirklich so sinnlos waren, steht auf einem anderen Blatt.) Ursula Nuber sieht die Ursache für das schlechte Image von Eigensinn in der Geschichte der Pädagogik, die darauf aus war, absoluten Gehorsam einzufordern. In einem Ratgeber von 1748 wurde Eltern zum Beispiel geraten, sie sollten bei ihren Kindern »durch die Rute den Eigensinn vertreiben«[39]. Für Nuber ist Eigensinn die »Voraussetzung für Selbstverwirklichung, Autonomie, Resilienz und Authentizität. Erst der Eigensinn ermöglicht es einem Menschen, sein volles Potential zu entfalten und zu dem Menschen zu werden, als der er gedacht ist.«[40] Schließlich sei Eigensinn auch, Antworten zu finden auf der persönlichen Suche nach dem Sinn des Lebens.

Zum Stichwort »Resilienz«, auf die ich im nächsten Kapitel ausführlich eingehen werde, sei jetzt schon gesagt: Auch für Jutta Heller, eine der bekanntesten Resilienz-Expertinnen, ist der Eigensinn unter einer anderen Bezeichnung – sie beschreibt ihn als »Selbstwirksamkeit« – ein Baustein ihres aus sieben Eigenschaften und Fähigkeiten bestehenden Resilienz-Konzepts[41]: »Achten Sie auf Ihre eigenen Bedürfnisse. Entscheiden Sie sich und gehen Sie Ihren Weg.«[42] Was Heller unter Selbstwirksamkeit versteht, erscheint wie eine Konsequenz aus Eigensinn: gesundes Selbstvertrauen, das Wissen darum, dass aus eigener Kraft etwas erreicht werden kann, das Ausleben eigener Bedürfnisse.

Wieso ist mir persönlich der Eigensinn so wichtig? Zum einen habe ich ja jetzt schon öfter von meiner Situation in der psychiatrischen Klinik erzählt, als ich mich gegen die Auffassung der Stationsleitung zur Wehr gesetzt habe, ich solle mich frühverrenten lassen. Meiner Auffassung nach war das falsch, eine Zumutung und letztlich sogar eine Frechheit[43]. Ich habe darauf beharrt, dass ich die Einzige bin, die eine solche Entscheidung treffen kann und darf, auch wenn zumindest eine Zeitlang zu Recht Zweifel an der Berechenbarkeit meines Geistes bestanden hatten. Aber nachdem ich durch Tabletten wieder in den Zustand der Normalität versetzt worden war, waren diese Zweifel nicht mehr angebracht. Eine Frühverrentung hätte weitreichende Folgen für mich gehabt, etwa den Eintritt in das öffentliche Versorgungssystem, die Aussonderung aus dem ersten Arbeitsmarkt und damit letztlich aus weiten Teilen der Gesellschaft. Davor hat mich mein Eigensinn bewahrt – und es war weder die erste noch die letzte Situation, in der er mich zur richtigen Entscheidung gelotst hat.

Bevor ich Ihnen ein weiteres Beispiel gebe, hier noch der Hinweis auf ein Buch, dessen Thema mir sehr wichtig ist. Es heißt *Eigensinn und Psychose* und stammt von dem Hamburger Psychologen Thomas Bock, der für sein ungewöhnliches Verständnis psychotischer Patienten bekannt ist.[44] Bock bricht eine Lanze für eigensinnige Patienten – Menschen, die nicht zustimmen, krank zu sein (die sogenannte nicht vorhandene oder mangelnde »Krankheitseinsicht« bei Psychotikern), oder die nicht mit Therapeuten und Ärzten zusammenarbeiten wollen (»Noncompliance«). Seiner Darstellung nach ist das ein aus der Not geborener Eigensinn. Auch wenn dieser wenig souverän wirken mag, hat er fließende Übergänge zum souveränen Eigensinn.[45] Selbst die schwächere Variante habe durchaus ihre Berechtigung. Ob jemand sich auf Medikamente einlasse oder nicht, sagt Bock, habe nicht nur etwas mit dem Ausmaß der Nebenwirkungen zu tun, sondern hänge »mehr noch von der Chemie der Beziehung« ab.[46]

Was ist also der Unterschied zwischen Eigensinn in der Krise und souveränem Eigensinn? Meiner Auffassung nach entsteht »übersteigerter« Eigensinn dann, wenn die eigenen Bedürfnisse zu lange nicht beachtet worden sind, was natürlich passieren kann. Dann kommt eigensinniges Verhalten in meist unerwünschten Formen daher, etwa in Form einer Psychose. Das Symptom versucht, etwas wieder ins Lot zu bringen. Die Art, in der das geschieht, mag hilflos, problematisch oder unangebracht erscheinen, aber, systemisch gedacht, ist das Symptom einfach ein Lösungsversuch für eine schwierige Situation, eine Reaktion auf eine schwierige Zeit.

Die echte Lösung von Problemen, die sich metaphorisch in einer Psychose zeigen, besteht mit Sicherheit nicht darin, dass die dahinter liegenden Wünsche ignoriert werden und völlig untergehen. Meiner

Meinung nach sollten Menschen, die eine Krise erlebt haben, herauszufinden versuchen, was die Botschaft sein könnte. So schwer das auch sein mag angesichts der Katastrophen, die ein Symptom hervorrufen kann – es lohnt sich sehr zu fragen, was der eigensinnige Hilferuf der Seele oder des Körpers zu bedeuten hat. Möglicherweise wurde der gesunde Eigensinn des Betroffenen in seiner Herkunftsfamilie oder auch später zu oft und zu sehr zurückgestutzt, weit über das Maß hinaus, das Sozialverträglichkeit gebietet. Das Symptom ist dann nur eine Notbremse.

Eigensinn hat mit Selbstbewusstsein zu tun, das weiß ich aus eigener Erfahrung. Wobei eine manische Psychose ganz sicher kein Zeichen von Selbstbewusstsein ist, sondern im Gegenteil eher eine Reaktion darauf, dass zumindest in einigen Bereichen das Selbstvertrauen fehlt. Psychotiker haben im Grunde also gerade kein »übersteigertes Selbstbewusstsein«, im Sinne von besonders großem Selbstbewusstsein, sondern die Symptome sind eher ein Kompensationsversuch. Welchen Sinn sollte es vor diesem Hintergrund haben, Quellen von Selbstbewusstsein und Lebensfreude wie das Sich-Bewähren in einem normalen Arbeitsverhältnis, das Eingebunden-Sein in die Gesellschaft, finanzielle Möglichkeiten einfach zu kappen? Und damit zu verhindern, dass sich etwas normalisiert und heilt?

Ein zweites Beispiel für ein eigensinniges Beharren mit positiven Folgen stammt aus meiner jüngsten Vergangenheit: Vor gut einem Jahr wurde durch ein im SWR ausgestrahltes Hörfunk-Feature[47] über meine Krankheit der Verlag auf mich aufmerksam, und der Plan zu meinem ersten Buch kam auf. Damit stand die Frage an, wie ich mit meiner Autorenschaft umgehe. In der Radio-Veröffentlichung nannte ich mich nämlich noch Clara Feldmann, weil ich wie viele Menschen mit Psychose-Erfahrungen Angst vor der Reaktion der Öffentlichkeit hatte. Diese Angst hat gute Gründe: Dass diese Menschen stark diskriminiert und stigmatisiert werden, ist nicht nur meine eigene Erfahrung, sondern wissenschaftlich belegt.[48] Die Namensentscheidung war daher ein schwieriger Prozess: Sollte ich es wirklich wagen, für das Buch auf ein Pseudonym zu verzichten? Welche Folgen hätte das für mich, persönlich und beruflich? Bekäme ich nicht die ganze Macht der Vorbehalte gegen Psychosen zu spüren, wenn ich mich aus der Deckung begeben würde? Vor allem: Würde ich dann mein Leben lang nur noch unter dem Label »psychotisch« wahrgenommen? Oder wäre zumindest ein nennenswerter Teil der Gesellschaft bereit, das als *einen* Splitter im Kaleidoskop meiner Persönlichkeit anzusehen?

Immerhin stand auch einiges auf der anderen Seite der Angst, auf meinem »Mutkonto« sozusagen. Ich würde, wenn ich meinen Namen offenlegte, mit mir und meiner letzten psychotischen Episode reinen Tisch machen, müsste nicht immer weiter mit Scham herumlaufen und in gewisser Weise unehrlich mit meinem Leben umgehen. Als Journalistin war ich außerdem der Meinung, dass Psychosen ein wirklich wichtiges und in ihrer Bedeutung noch nicht voll erkanntes Thema sind. Es war höchste Zeit ist, es ins Bewusstsein der Öffentlichkeit zu bringen. So hätte ich die Chance, auch für andere auszudrücken und zu artikulieren, was das für ein Phänomen ist und wieso sich die Beschäftigung damit lohnt.

Alles in allem war ich also unentschlossen, bis ich eines Abends mit Susan, die sie vielleicht als gute Bekannte aus meinem ersten Buch kennen, in Essen ein Coaching-Event besuchte. Bekannte und weniger bekannte Coaching- und Speaker-Größen erzählten jeweils einen interessanten Aspekt aus ihrem Leben, der für andere beispielhaft sein könnte und mit dem sie die Zuschauer und Zuhörer vor allem in einem unterstützen: ihren Mut anzufachen. Und so wie diese Redner das gesamte Publikum überzeugten, so taten sie es auch mit mir: Ich war plötzlich sicher, ich mache das. Ich werde unter meinem Namen über meine Psychose berichten. So kann ich anderen Mut machen und mir gleichzeitig selbst helfen. Ich werde ein Stück vorangehen, wie ich das öfter in meinem Leben schon getan hatte. Ich werde gegen die kollektive Angst vor Menschen mit Psychosen ankämpfen, in der Hoffnung, sie ein Stück zu verringern. Ich werde also eigensinnig sein.

Hinzu kamen weitere Impulse, wieder aus dem Coaching-Umfeld. Ich nahm an Online-Coaching-Kursen teil, in denen es um Resilienz ging, um Lebensziele und Perspektiven. Da gab es eine Übung, die ich genial finde und die Paula für Sie am Schluss dieses Kapitels kurz zusammengefasst hat. Jedenfalls war mein Ergebnis bei dieser

Übung der Satz aus einem Song von Sting: »Be yourself, no matter what they say.« Das war die spontane Antwort meines Innersten auf die gestellte Frage. Intuitiv wusste ich, das war genau mein Motto für die Problematik, ob ich mich outen sollte oder nicht. Ich finde, es gibt kaum eine bessere Zusammenfassung für Eigensinn.

Noch ein paar Sätze zu prominenten Vorbildern aus Kunst und Politik. Möglicherweise wissen Sie, dass ich mir in meiner letzten Psychose eine illustre Verwandtschaft zusammengesponnen habe (Mick Jagger, John F. Kennedy, Nelson Mandela usw.). Die Art und Weise, wie ich diese »Wahlverwandtschaften[49]« damals im Gepäck hatte, mag absurd gewesen sein, aber ich werde mich durch diese Erfahrung von »Verrücktheit« auf keinen Fall davon abbringen lassen, mich weiter an solch eindrucksvollen Persönlichkeiten zu orientieren. Das Rebellische von Mick Jagger, die Fähigkeit von John F. Kennedy, in brisanten Situationen kluge Entscheidungen zu treffen, oder Nelson Mandelas ausdauernder Einsatz für eine gerechte Sache – all das ist natürlich bewundernswert. Wenn ich mir an diesen Eigenschaften und Verhaltensweisen ein Beispiel nehme und versuche, sie in mein Leben und meine Persönlichkeit zu integrieren, kann sich das, solange es maßvoll geschieht, doch nur positiv und genesend auswirken.

Sie sehen schon: Ich verfüge durchaus über Eigensinn. Aber eigentlich tut das jeder, der Eigensinn wird nur zugeschüttet von inneren Einwänden, die einen zur Mehrheitsmeinung, zum Gewohnten und Konventionellen drängen wollen. Eigensinn lässt sich wieder ausgraben unter den vielen Schichten, die einen unauthentisch machen und zu Entscheidungen verleiten, die letztlich zu einem unlebendigen Leben führen.

Den Weg zu einem stärkeren, positiven Eigensinn können Sie beginnen, indem Sie sich angewöhnen, in Entscheidungssituationen nach Ihrer ersten Intuition zu fragen. Das heißt nicht, dass Sie sich *immer* danach richten sollen, aber berücksichtigen Sie sie, verschaffen Sie ihr Gehör. Ein wichtiger Teil von Ihnen möchte nämlich auch in Betracht gezogen werden. Was hat Ihr Bauchgefühl gesagt, als Sie diesen Menschen gesehen haben oder von dieser Lösung gehört haben? Fragen Sie sich das immer wieder und schulen Sie sich so.[50]

Eigensinn

Eigensinn heißt aber nicht nur, auf die eigene Intuition zu hören, sondern auch, einen Standpunkt zu haben und zu verteidigen. Es geht hier nicht darum, sich um jeden Preis durchzusetzen, sondern sich eingebracht zu haben. Manchmal kann es auch wichtig sein, Verantwortung zu übernehmen und die Konsequenzen der eigenen, vielleicht von der Mehrheitsmeinung abweichenden Position zu tragen. Fragen Sie sich nach den Werten, die Sie persönlich vertreten, und richten Sie sich danach aus. Prüfen Sie, ob sich Ihre Entscheidungen daran messen lassen können – das muss nicht immer der Fall sein, aber möglichst oft.

In kritischen Momenten fühlen Sie sich möglicherweise erst einmal allein auf weiter Flur und vermissen die Wärme und Geborgenheit, im Konsens gängiger Auffassungen zu schwimmen. Aber langfristig tun Sie sich und auch Ihrer Umwelt einen Gefallen damit, wenn Sie Ecken und Kanten entwickeln. Sie entpuppen sich als ein Mensch, der mit seiner unverwechselbaren Art die Gemeinschaft bereichert – als eigenständige, interessante Persönlichkeit. Beginnen Sie, wenn Sie durch die Krise verunsichert sind und Ihnen das Ruder Ihres Schiffes entglitten ist, hier ruhig mit kleineren Aufgaben. Seien Sie zunächst engagiert in Angelegenheiten, die Sie selbst betreffen, und stehen Sie für sich ein. Die größeren Aufgaben werden folgen, wenn Sie bereit sind.

Und beobachten Sie mal wieder die Katzen! Orientieren Sie sich hier vor allem an den kätzischen Intuitionen und Impulsen. Schauen Sie sich die Tiere an, wie sie ganz selbstverständlich an ihrem Eigensinn festhalten und ihre Bedürfnisse ausdrücken, etwa durch Miauen, wenn sie Hunger haben, durch Kratzen und Beißen, wenn sie etwas nicht mögen, oder durch das Köpfchen, das sie an einem reiben, wenn sie Zuneigung wollen. Versuchen Sie einmal, eine Katzen statt durch geschicktes Werben mit Befehlen zu etwas zu bewegen. Sie werden garantiert scheitern. Die Katze »weiß« ganz genau, dass ihr Mensch – oder wie Tierexperte Mario Ludwig es ausdrücken würde, ihr »Dosenöffner«[51] – kein Recht dazu hat, sie zu etwas zu zwingen. Es ist ihr innerer, eigener Sinn, der ihr dieses Selbstbewusstsein ermöglicht.

Paulas Schreibübung

Sie stehen auf dem Gipfel eines Berges. Sie schauen nach unten und sehen Millionen Menschen, die Sie erwartungsvoll anschauen. Diese Menschen warten auf einen Beitrag von Ihnen. Auf ein Wort oder einen Satz, einen bekannten Ausspruch oder etwas, das noch nicht so gesagt wurde. Welches Wort, welchen Satz würden Sie diesen Menschen sagen? Wenn es für Sie besser passt: Welches Bild würden Sie den Menschen zeigen?

Eigensinn

Kapitel 3
DIE RICHTIGEN MENSCHEN WÄHLEN

Ein wahrer Freund ist der, der deine Hand nimmt, aber dein Herz berührt.
Gabriel García Márquez

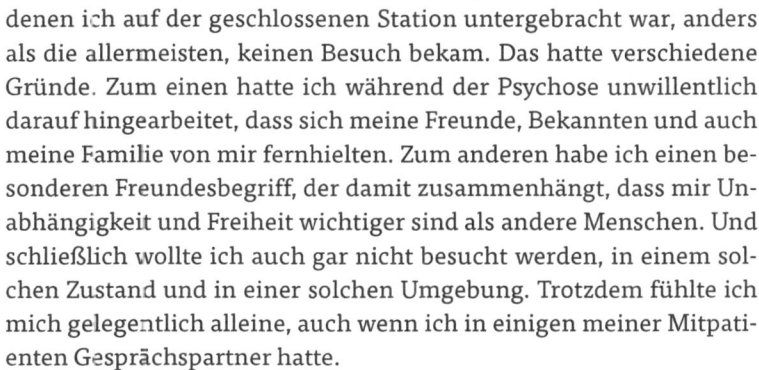

IN DER KLINIK war ich eine Außenseiterin – auch nachdem ich die Tabletten genommen hatte und mein Wahn langsam von mir abfiel. Natürlich sind viele in einer psychiatrischen Klinik Außenseiter und zeigen seltsames Verhalten, aber ich war in der Hinsicht insofern anders, als ich in den vier Monaten, in denen ich auf der geschlossenen Station untergebracht war, anders als die allermeisten, keinen Besuch bekam. Das hatte verschiedene Gründe. Zum einen hatte ich während der Psychose unwillentlich darauf hingearbeitet, dass sich meine Freunde, Bekannten und auch meine Familie von mir fernhielten. Zum anderen habe ich einen besonderen Freundesbegriff, der damit zusammenhängt, dass mir Unabhängigkeit und Freiheit wichtiger sind als andere Menschen. Und schließlich wollte ich auch gar nicht besucht werden, in einem solchen Zustand und in einer solchen Umgebung. Trotzdem fühlte ich mich gelegentlich alleine, auch wenn ich in einigen meiner Mitpatienten Gesprächspartner hatte.

Natürlich wollte ich, sobald ich draußen war aus der Klinik, wieder mit Menschen zu tun haben, die mir vertraut waren. Mein Selbstbewusstsein war im Keller, meine Identität völlig in Frage gestellt. Freunde, die mir eine Hand reichen würden, wären – neben den emotionalen Aspekten – Wurzeln dafür, dass ich mich wieder, zumindest in Teilen, als mein altes »Ich« würde begreifen können.

Schließlich stellte sich natürlich auch die Frage: Wer waren eigentlich meine Freunde? Hatte ich überhaupt welche, beziehungsweise waren das auch Menschen, die bereit wären, üble Zeiten mit mir durchzustehen? Wie sollte ich interpretieren, dass sich (nach meinem damaligen Kenntnisstand) niemand nach mir erkundigt hatte? Würden die Leute, von denen ich glaubte, sie seien meine Freunde, mir meinen letzten, dramatischen Aussetzer, der immerhin zweieinhalb Jahre gedauert hatte, nachsehen?

Ich griff also zu meinem Handy und machte die ersten Proben aufs Exempel. Ich wählte die Nummern einiger Menschen aus meiner Vergangenheit und entschuldigte mich.

Einer der ersten war Sven[52]. Sven kenne ich noch aus der Zeit, bevor ich mit meiner Krankheit konfrontiert war, er hat schon etliche dramatische Momente miterlebt. Anders als ich wohnt er nicht in Köln, sondern in Mainz, wo auch ich viele Jahre meines Lebens verbracht habe. Ich habe damals Svens Nummer gewählt, weil ich instinktiv wusste, er wird gnädig und verständnisvoll mit mir umgehen. In den ersten Wochen, nachdem mir klar geworden war, was ich da zusammenfantasiert hatte, traute ich mich an die schwierigeren Fälle noch nicht heran. Sven dagegen war absehbar eine sichere Bank. Und mit dieser Vermutung lag ich goldrichtig.

Svens Erleichterung habe ich am Telefon deutlich wahrnehmen können. Er hatte mich mehrfach anzurufen versucht und mir Mails geschrieben. Ich antwortete nicht, nur mit kruden Distanzierungen, ich wolle nichts mehr mit ihm zu tun haben. Sven kannte das ja schon und hat es entsprechend locker genommen, nicht persönlich. Sorgen hatte er sich gemacht, wie die Angelegenheit mit meinen Psychosen wohl diesmal ausgehen würde. Hilflos hatte er sich gefühlt, weil er nicht wusste, was er tun sollte und wie er mich überzeugen könnte, doch Medikamente zu nehmen. Gehofft hatte er, dass ich irgendwann Vernunft annehmen würde, oder vielleicht auch, dass jemand anderes, kompetenter als er oder näher an mir dran, mich erreichen würde.

Ich war unglaublich froh, dass Sven relativ normal mit mir umgegangen ist, dass er immer noch der alte Sven war und dass ich mich weiter auf ihn würde verlassen können. Es gab also noch jemanden aus meinem alten Leben, der trotz allem zu mir stand. Eines der nächsten Telefonate war mit jemandem, der etwas mit meiner Coaching-Ausbildung zu tun hatte. So wie Sven ein Freund war, der viel mit meiner Identität zu tun hatte und mir eine gewisse Kontinuität versprach, hatte auch dieser Kontakt etwas zu tun mit Kontinuität – der Kontinuität von Perspektiven.

Ich schilderte meine Situation und erklärte, warum ich für einige Zeit nicht erreichbar gewesen war und nicht an Fortbildungsveranstaltungen teilgenommen hatte. Auch hier traf ich auf jemanden, der meine Entschuldigung annahm und sich mitfühlend über meine Situation äußerte. Und mir darüber hinaus vermittelte, dass der Weg, den ich vor einiger Zeit eingeschlagen hatte, nicht versperrt wäre. Petra Rechenberg-Winter, eine der Leiterinnen des Hamburgischen Instituts für Systemische Weiterbildung (HISW), der ich bis heute sehr dankbar bin, versicherte mir, dass ich meine Coaching-Ausbildung weiterführen und beenden könne. Nachdem ich so vieles eingebüßt hatte – Job, Eigentumswohnung und Rentenversicherung – und so viele Verluste zu verwinden waren, gab es etwas, das ich nicht betrauern musste: meinen Wunsch, Coach zu werden.

Anfangs schwieriger, aber im Endeffekt doch ähnlich positiv war der erste Kontakt mit meinen Eltern und meinem Bruder. Ich möchte hier keine intimen Details breit treten, aber auch sie waren letztlich bereit, neu anzufangen. Und sie freuten sich sehr, dass ich für sie wieder ansprechbar war, nachdem ich, wenn auch unfreiwillig, in einer Klinik untergekommen war und Medikamente genommen hatte. Das war der Zugang zu einer starken, wenn auch etwas krummen Wurzel meiner Identität. Das und die Anrufe bei potenziellen Arbeitgebern, die an meiner Leistung grundsätzlich zumindest interessiert schienen, bildeten eine Art Basis, die mich in dem Glauben bestärkte, ich würde mich schon wieder aus meiner Krise herausschaffen. Diese ersten Kontakte waren ein Spiegel für mich: Wenn diese Leute an mich glaubten, musste das schon etwas zu bedeuten haben – dann hatte ich »Grund«, mir selbst über den Weg zu trauen.

Nicht bei jedem, mit dem ich in dieser Zeit versucht habe, zerrissene Bande wieder neu zu knüpfen, ist das gelungen. Nicht jeder war ein Freund in dem Sinn von Freundschaft, den ich hier definieren möchte: eine freiwillige, persönliche Beziehung, die auf gegenseiti-

Die richtigen Menschen wählen

ger Sympathie, Vertrauen und Unterstützung beruht, nicht aber auf Verwandtschaft oder einem sexuellen Verhältnis.[53] Der Philosoph Wilhelm Schmid sagt: »Freundschaft ist die frei gewählte Beziehung schlechthin, in ihr lässt sich erkennen und einüben, wie Beziehungen zwischen Menschen gestaltet und *schön* gestaltet werden können.«[54] Ein Freund ist für mich jemand, der mich für das schätzt, was ich bin, also mit guten und schlechten Eigenschaften, und wenn möglich auch in guten und in schlechten Zeiten. Ich weiß, die schlechten Zeiten waren bei mir etwas ausgeprägter als das durchschnittlich in einem Menschenleben der Fall ist, aber ich hoffe doch auch, das in den guten Zeiten ausgleichen zu können. Für manchen in meinem Umfeld passt das Gesamtpaket jedenfalls trotzdem.

Ich spreche hier zunächst einmal über alle möglichen positiven Bindungen, die einem in oder nach einer Krise Halt geben können. Dazu gehören im weitesten Sinne sogar alle Menschen, denen Sie begegnen. Es gehören meiner Meinung nach die Menschen im Kiosk dazu, die ich getroffen habe, als ich in der Klinikzeit Ausgang hatte, es gehören die dazu, mit denen ich professionell Umgang hatte wie Ärzte, Therapeuten oder der Friseur. Alle können einem – natürlich nur in jeweils bestimmten Facetten – eine Bestätigung für die eigene Identität geben. Diese Identität definiert sich zwar in der Krise und danach möglicherweise neu, aber die Neudefinition braucht doch einen Ausgangspunkt: Wurzeln eben.

Menschen mit psychischen Erkrankungen erleben es häufig einmal, dass andere Menschen es zu anstrengend finden mit ihnen. Sie fühlen sich überfordert und kappen den Kontakt. Das ist verständlich, aber schmerzhaft, zumindest für denjenigen, der dann alleine gelassen wird, aber wahrscheinlich auch für den anderen Part. Zu Beginn meiner Zeit außerhalb der Klinik hatte ich einen Psychotherapeuten und Psychiater, der verhaltenstherapeutisch auf mich einwirken wollte. Dessen Strategie möchte ich zumindest in Teilen widersprechen beziehungsweise meine Auffassung dazu als These vorbringen. Natürlich sind Bindungen unglaublich wichtig. Aber Bindung um jeden Preis ist meiner Meinung nach auch nicht die beste Devise. Bevor ich das näher erläutere und begründe, hier ein kleiner Exkurs zum Thema Bindungen und Autonomie.

Denn den Überlegungen des Psychotherapeuten liegt, nehme ich jetzt einfach einmal an, die Grundauffassung der Sozialpsychiatrie zugrunde, nach der dauerhafte und robuste Bindungen entscheidend für einen Stabilisierungs- und Genesungsprozess von Menschen, die eine Psychose erlebt haben, sein können. Im Prinzip gilt ja für alle, die Krisensituationen erleben, dass aufrichtige Unterstützung durch nahe stehende Menschen heilsam wirkt. Im Fall von Menschen mit Psychosen, die, zumindest nach Auffassung von Teilen der Forschung, wackelige Bindungen in der frühen Kindheit erlebt haben, was einer der Gründe für die spätere Erkrankung sein könnte, ist die Abhängigkeit von gesunden Bindungen daher vielleicht noch größer. Grundsätzlich betrachtet.

BINDUNG

Gestörtes Bindungsverhalten kann weitreichende Folgen haben. Die Dortmunder Entwicklungspsychologinnen Anke Lengning und Nadine Lüpschen erklären den Zusammenhang mit Bezug auf den Begründer der Bindungstheorie, den Psychoanalytiker und Kinderpsychiater John Bowlby und seine Kollegin Mary Ainsworth: »Bindungs- und Explorationsverhalten (Autonomie) stehen in einer wechselseitigen Beziehung zueinander. Fühlt sich ein Kind sicher und wohl, kann es seine Umwelt frei explorieren. Erfährt es jedoch Unsicherheit, wird das Explorationsverhalten eingestellt und das Kind zeigt vermehrtes Bindungsverhalten.«[55] Die beiden Forscherinnen unterscheiden vier Bindungsphasen und vier Bindungsmuster, zu denen neben dem sicheren Bindungsmuster etwa auch das Unsicher-Ambivalente gehört. Dieses oder das erst in der 1980er-Jahren postulierte desorganisierte/desorientierte Bindungsmuster können unter Umständen eine spätere psychische Erkrankung mit auslösen, wie Lengning und Lüpschen unter Hinweis auf Feststellungen Bowlbys ausführen. Auch andere sehen das so, etwa der Jenaer Psychoanalytiker und Psychotherapeut Bernhard Strauß: »Allerdings steht

heute auch fest, dass ein unsicheres Bindungsmuster als Risikofaktor für psychosoziale Probleme und für die Entwicklung psychischer Störungen zu sehen ist, unter anderem, weil unsicher gebundene Personen über weniger flexible beziehungsweise weniger geeignete Mechanismen der Emotionsregulierung verfügen, zu eher problematischen Verhaltensweisen in nahen Beziehungen neigen und daher oft nur auf ein reduziertes soziales Netzwerk zurückgreifen können.«[56] Durch Psychotherapie oder durch neue enge, vertrauensvolle Bindungen, lässt sich auch in späteren Lebensphasen noch positiv auf diese Bindungsmuster einwirken. Bindungsmuster neigen zwar, wie Strauß darlegt, »zur Stabilität. Dennoch sind Veränderungen sowohl von einer sicheren zu einer unsicheren Bindung als auch umgekehrt möglich.«[57]

Bei meinem damaligen Psychotherapeuten ging es um eine Frage, ob ich auf eine Forderung eines nahestehenden Menschen eingehen sollte oder nicht. Meiner Meinung nach war die Forderung zum einen bereits erfüllt, zum anderen überzogen. Der Therapeut war der Auffassung, meine Position sei »manisch«, ich sei gefährdet, wieder psychotisch zu werden. Ich habe den Therapeuten gewechselt, nach schweren inneren Debatten mit mir selbst und auch nach Diskussionen mit Freunden, die mir geblieben waren.

Für mich verlangte der betreffende Mensch einfach zu viel, und ich war bereit, einen Kontaktabbruch zu riskieren, weil ich mich zu sehr verbogen hätte, wenn ich seinem Wunsch gegen meine Überzeugung nachgekommen wäre. Der Therapeut dagegen hielt das Risiko eines Beziehungsabbruchs für unvertretbar. Mit meiner Auffassung, die Etikettierung »manisch« und die angebliche Gefährdung, psychotisch zu werden, seien völlig falsche Einschätzungen, begab ich mich natürlich in gefährliche Gewässer. Schließlich hatte ich ja auch während der tatsächlichen Psychose keine Einsicht in meine Krankheit gehabt. Ich vergewisserte mich von daher bei anderen Professionellen, dass es zumindest sehr viele und sehr gute Gründe für meine Position gab. Ich blieb also eigensinnig, blieb mir treu und suchte mir einen anderen Psychotherapeuten, der besser zu mir passte. Und ich merkte: Es gibt sie ja, die Therapeuten, die mit mir klar kommen. Wieso soll ich also bleiben, wenn zu viele Dissonanzen und Missverständnisse stören? Auch wenn Psychotherapieplätze rar sind, ganz besonders für Menschen mit Psychosen, rate ich zur Geduld. Es ist besser, weiter zu suchen, als über lange Strecken mit jemandem zusammenzuarbeiten, mit dem Sie sich nicht verstehen und bei dem das gegenseitige Vertrauen fehlt.

Zurück zum Thema Freunde. Wenn es darum geht, dass Freunde Ihnen in echten Krisenzeiten helfen, zeichnen sich natürlich drei Probleme ab: Zum einen verlangen Sie dem anderen viel ab – das geht gar nicht anders. Sie brauchen Verständnis, Aufmerksamkeit, Empathie und Beschäftigung. Zum anderen befinden sie sich in einer schwachen Position. Das kann dazu führen, dass sich die Beziehung verändert und das Gleichgewicht kippt. Wilhelm Schmid etwa betrachtet es als Herausforderung für eine Freundschaft, wenn einer der beiden Freunde mehr Aufmerksamkeit benötigt als der andere, und sieht Ungleichheit und Überspannungen als Problemfelder. Außerdem ist Ihr Selbstbewusstsein möglicherweise nicht im Lot. Alles das belastet ihre Freundschaften.

Wilhelm Schmid unterscheidet unter Bezug auf die Nikomachische Ethik von Aristoteles die Lust- oder Spaßfreundschaft, die Nutzenfreundschaft und die wahre Freundschaft.[58] Möglicherweise machen Sie in oder nach der Krise die gleiche Erfahrung wie ich: Freunde, denen es nur um Spaß oder einen praktischen Nutzen geht, trollen sich angesichts Ihrer momentanen Unlust und Ihrem möglicherweise geschrumpften Nutzen weitestgehend. In meinem Fall kamen viele auch nicht mit dem Krankheitsbild »Psychose« klar und mit dem Verhalten, das es mit sich gebracht hat – was Wohlmeinende unkonventionell finden, erscheint von strengerer Warte aus gesehen womöglich abstrus. Deshalb waren es in meinem Fall wahrscheinlich noch ein paar Menschen mehr, die sich von mir abgewendet haben. Das tut weh.

Wie lässt sich das bewerten und darauf reagieren? In einigen Fällen habe ich um diejenigen gekämpft, die sich vor mir zurückziehen wollten, habe mich entschuldigt und dafür geworben, doch den Versuch zu starten, die Freundschaft wieder aufzunehmen – nicht jedes Mal erfolgreich natürlich. Dann habe ich versucht, neue Kontakte zu knüpfen, was nicht ganz einfach war, weil ich ja in einen Prozess der

Neudefinition meines Selbst gestartet bin. Nach der Entlassung aus der Klinik habe ich erst einmal jeden Job angenommen, den ich bekommen konnte, statt den zu suchen, der mir als für mich passend vorschwebte – wobei ich zu dieser Definition auch noch gar nicht in der Lage war. Wenn der Ausgangspunkt für Freundschaften üblicherweise gleiche Interessen, gleiche Auffassungen und Ähnliches sein kann oder sogar soll, ist es natürlich schwierig, in solch chaotischen Übergangszeiten Freundschaften zu knüpfen.

Aber meiner Überzeugung nach ist es besser, sich einfach wieder unter Menschen zu begeben, ganz gleich, ob die neue Beziehung halten kann oder nicht, anstatt lange abzuwarten, dass sich die idealen Kandidaten und Seelenverwandten einfinden. Am besten ist es wohl, zweigleisig zu fahren: Das eine tun und die Hoffnung auf das andere nicht aufgeben. Tatsächlich sind von den Kontakten, die ich noch aus der Klinik hatte und mit denen ich mich anfangs nach der Entlassung häufig getroffen habe, nur zwei geblieben, aber nicht als echte Freunde. Dauerhafter und stabiler sind die Beziehungen mit denjenigen, die ich schon lange kenne, aber auch gute Bekannte aus der jüngsten Zeit, mit denen mich mehr als ein gemeinsames Schicksal in einer psychiatrischen Klinik verbindet.

Waren die Menschen, die mit mir nichts mehr zu tun haben wollen, jetzt keine Freunde? Ich glaube, die Frage ist zu hartherzig gestellt. Es waren eben Freunde für eine bestimmte Zeit. Schließlich bin ich heute nicht mehr ganz diejenige, die ich vor dieser Psychose gewesen bin. Zum einen fehlen oberflächliche Attribute wie Eigentumswohnung und dergleichen, zum anderen habe ich mich nun öffentlich zu der Diagnose »schizophren« beziehungsweise »schizoaffektiv« bekannt. Wer mit mir zu tun haben will, dem bleibt nichts übrig, als eine solche Pille zu schlucken und Mut zu haben. Außerdem haben sich manche Kontakte einfach verlaufen, denn ich ziehe andere Kreise als vorher. Die Überschneidungen mit manchen Menschen aus meiner Vergangenheit sind geringer geworden oder kaum noch vorhanden.

Doch das größte Hindernis für Freundschaften, die schwierigste Klippe ist meiner Meinung nach das fragile Selbst. Nach einer schwerwiegenden Krise müssen Sie sich erst neu zusammensetzen und ganz langsam analysieren, was sie in diese Krise gebracht hat und wie sie eine weitere in Zukunft verhindern. Sie sind wahrscheinlich (noch) kein treuer, verlässlicher Gefährte in der Hinsicht, dass sie sich verhalten, wie das von Menschen ohne Krisenerfahrung zu erwarten ist. Es ist (noch) nicht klar, inwieweit mit Ihnen zu rechnen ist. Auch deshalb sind langjährige Freundschaften aus der Zeit vor der Krise leichter. Aber gerade für Leute, die Sie schon lange kennen, sind Sie möglicherweise ein besonders spannender Gefährte! Es wird sicher nicht langweilig, mit Ihnen zu tun zu haben. Sie sind jemand in einem aufregenden Veränderungs- und Genesungsprozess.

Wilhelm Schmid nennt in Anlehnung an Aristoteles als Voraussetzung für Freundschaft, dass jemand mit sich selbst befreundet und im Reinen sein sollte.[59] Ein weiterer Zeuge für die Wichtigkeit von Freundschaft mit sich selbst ist Adolph Freiherr von Knigge. In seinem Buch *Über den Umgang mit Menschen* schreibt er schon im zweiten Kapitel, das dem »Umgang mit sich selbst« gewidmet ist: »Hüte Dich also, Deinen treuesten Freund, Dich selber, so zu vernachlässigen, dass dieser treue Freund Dir den Rücken kehre, wenn Du seiner am nötigsten bedarfst. Ach, es kommen Augenblicke, in denen Du Dich selbst dann nicht verlassen darfst, wenn Dich auch jedermann verlässt; Augenblicke, in welchen der Umgang mit Deinem Ich der einzig tröstliche ist – was wird aber in solchen Augenblicken aus Dir werden, wenn Du mit Deinem eigenen Herzen nicht in Frieden lebst, und auch von dieser Seite aller Trost, alle Hilfe Dir versagt wird?«[60]

Das ist richtig und klar, frustriert aber denjenigen, der kurz nach der Krise einfach nicht mit sich im Reinen ist und sich selbst gerade nicht besonders mag. Bevor einen also die holde Theorie herunterzieht, weil sich deren Kriterien zurzeit einfach nicht erfüllen lassen, bitte mit Provisorien und Versuchen auskommen! Niemand kann berechnen, was hält und was nicht, was über einen längeren Zeitraum passt oder auch nicht. Je mehr mein Selbstbewusstsein wieder ins Lot gekommen ist, desto stabiler und gegenseitiger sind meine Beziehungen wieder geworden. Lassen Sie es darauf ankommen, segeln Sie polynesisch – ein Begriff, den Gunther Schmidt gebraucht und der den ungewissen Aufbruch ohne Kompass und Karte meint. In See

Die richtigen Menschen wählen

stechen auf der Suche nach neuer Nahrung (also in meinem Fall Arbeit) oder nach Kontakten (Freunden, Bekannten usw.) und schauen, was dabei herauskommt, ist manchmal die Überlebenstechnik nicht der Wahl, aber der Notwendigkeit.

Über das polynesische Segeln und das Überleben komme ich zum Thema Resilienz zurück. Resilienz ist zwar in aller Munde, doch was bedeutet das eigentlich? Resilienz ist ein Begriff, der auch in den Ingenieurs- und Naturwissenschaften sowie in der Mathematik zu finden ist und bezeichnet dort etwa die Fähigkeit eines Materials, nach einer elastischen Verformung in seinen Ausgangszustand zurückzukehren. Das Wort stammt ab vom lateinischen »resilire« (zurückgehen, zurückspringen, abprallen) und wurde in den siebziger Jahren auch in den Sozialwissenschaften geläufiger. Damals bezog es sich auf die einmaligen, persönlichen Stärken von Kindern im Umgang mit Beeinträchtigungen körperlicher und sozialer Art und hatte seine Wurzeln in der Pädagogik. Mit der Veröffentlichung einer Langzeitstudie der US-Entwicklungspsychologin Emmy Werner über Kinder auf der hawaiianischen Insel Kaua'i nahm das Konzept Fahrt auf und wurde schließlich zur Erfolgsgeschichte. Heute gibt es eine Vielzahl von Veröffentlichungen zu dem Thema und fast ebenso viele Definitionen des Begriffs. Er bezieht sich mittlerweile nicht mehr nur auf angeborene Fertigkeiten von Kindern, sondern längst auch auf erlernte Fähigkeiten erwachsener Menschen im Umgang mit Krisen. Wobei etwa der Neurowissenschaftler Raffael Kalisch, Mitbegründer des Mainzer Resilienzzentrums, betont, dass drei begünstigende Faktoren doch vor allem erblich bedingt sein sollen: Intelligenz, Extroversion und Optimismus.[61]

Dabei kann der Begriff Resilienz auch einen Prozess oder ein Muster meinen.[62] Ich habe solch ein Muster eben im Kapitel über »Licht suchen« beschrieben als Beharrungsvermögen, sich nicht den positiven Blick auf sich selbst austreiben zu lassen und unbeirrt den eigenen Weg zu gehen.

RESILIENZ

Die unterschiedlichen Definitionen von Resilienz umfassen viele Aspekte, die ich Ihnen hier kurz vorstellen möchte. So bezeichnet die Wissenschaftsjournalistin Christina Berndt Resilienz als »psychische Widerstandskraft«[63]. Ganz ähnlich formulieren es der Psychologieprofessor Klaus Fröhlich-Gildhoff sowie die Kindheitspädagogikprofessorin Maike Rönnau-Böse: Resilienz als »die psychische Widerstandsfähigkeit gegenüber biologischen, psychologischen und psychosozialen Entwicklungsrisiken.«[64] Eine Gruppe von Wissenschaftlern um die systemische Beraterin und Psychotherapeutin Rosmarie Welter-Enderlin umschreibt Resilienz als ein »Gedeihen trotz widriger Umstände.«[65] Froma Walsh skizziert sie in dem von Welter-Enderlin herausgegebenen gleichnamigen Sammelband so: »Unter Resilienz kann man die Fähigkeit verstehen, zerrüttenden Herausforderungen des Lebens standzuhalten und aus diesen Erfahrungen gestärkt und bereichert hervorzugehen … Resilient sein heißt nicht, dass man unverwundbar ist oder unversehrt in einen früheren Zustand zurückkehrt. Es heißt vielmehr, dass man gegen ungünstige Bedingungen erfolgreich angeht, sich durch sie hindurch kämpft, aus den Widrigkeiten lernt und darüber hinaus versucht, diese Erfahrungen in das Gewebe seines Lebens als Individuum und in der Gemeinschaft zu integrieren.«[66] Die Resilienz-Expertin Jutta Heller betont die »innere Stärke« und setzt sie mit einem »Immunsystem der Seele« gleich, spricht von der »Stehaufmännchen-Kompetenz«[67]. Eine andere Resilienzforscherin, Ella Gabriele Amann, sieht Resilienz ebenfalls vor allem als »Immunsystem unserer Psyche« an.[68]

Kritisch diskutieren möchte ich die Definition des eben bereits erwähnten Resilienzforschers Raffael Kalisch, der vorschlägt, Resilienz zu verstehen als »die Aufrechterhaltung oder schnelle Wiederherstellung der psychischen Gesundheit während und nach Widrig-

keiten.« Bevor ich meinen Standpunkt formuliere, muss ich die Voraussetzung zitieren, von der er ausgeht: »Jemand ist psychisch gesund, das heißt: Er leidet nicht unter einer psychischen Erkrankung nach den allgemein akzeptierten Kriterien der Psychiatrie und klinischen Psychologie.«[69] Damit werde ich mal wieder ausgeschlossen, auch wenn das Raffael Kalisch möglicherweise völlig fern liegt. Und neben mir unglaublich viele andere Menschen, die im Laufe ihres Lebens einmal psychisch erkranken. Wie jeder weiß, steigen die Zahlen in beängstigendem Tempo.[70] Die Leistung, nach einer psychischen Krise auf den Füßen zu landen – ich hatte ja eben schon ausgeführt, dass ich eine Psychose durchaus als Krise betrachte –, wird vom psychischen Krankheitsbegriff quasi absorbiert und damit nicht anerkannt. Entwicklungsfortschritte werden verneint beziehungsweise per Definition ausgeschlossen. Dabei ist es meiner Meinung nach sehr wichtig, auch in schlimmen Krisenzeiten auf hoffnungsvolle Konzepte zurückgreifen zu können, das wirkt heilungs- oder genesungsfördernd. Und wieso sollte jemand, der eine schwere Krise, etwa eine Psychose oder eine Depression, erfolgreich überstanden hat und sich wieder neu ausrichten konnte, nicht resilient sein? Wieso sollte im Vergleich jemand anderes aber, der nach einer vergleichsweise harmlosen (wenn auch persönlich möglicherweise durchaus als gravierend empfundenen) Krise zwar nicht im klinischen Sinn psychisch krank wird, aber dauerhaft strauchelt (was auch immer das heißen mag), besser dastehen beziehungsweise als potenziell resilient gelten? Wobei natürlich auch die Etikettierung des zweiten Falls als »nicht resilient« wenig hilfreich wäre.

Ich zitiere noch eine andere Forscherin, die meine Position unterstützt: Ulrike Borst. Sie beantwortet die Frage nach den psychischen Krankheiten folgendermaßen: »Muss aber dann, wenn das Kind in den Brunnen gefallen ist und ein erwachsener Mensch in eine große psychische Krise geraten ist, die Prävention als gescheitert, die Resilienz als nichtexistent betrachtet werden? Nein.«[71]

BINDUNGEN UND RESILIENZ

Warum aber die Resilienz nochmal an dieser Stelle? Weil zur Resilienz neben den inneren Schutzfaktoren, wie sie etwa die Coach Ella Gabriele Amann[72] ausmacht (Charakter- und Persönlichkeitseigenschaften; innere Haltungen, Einstellungen, Überzeugungen; Talente, Begabungen, Fertigkeiten; Erfahrungen und Kompetenzen), auch äußere Schutzfaktoren gehören. Dazu zählt sie positive Rollenvorbilder, ein stimulierendes Lern- und Arbeitsumfeld, mindestens eine feste, zuverlässige Bezugsperson sowie Möglichkeiten zur Weiterbildung und die Entwicklung neuer Perspektiven. Eine oder mehrere Bezugspersonen sind also wesentlich, wenn es um eine positive Verarbeitung von schwierigen Lebenslagen geht, soziale Ressourcen daher ebenso wichtig wie persönliche.[73] Nicht von ungefähr rät die Wissenschaftsjournalistin Christina Berndt als ersten von zehn Wegen zur Resilienz[74]: »Bauen Sie soziale Kontakte auf.« Bei Jutta Heller[75] etwa finden wir die Bindungen (also die Freunde und andere Beziehungen) unter dem (Resilienz-)Schlüssel Netzwerkorientierung. Darunter versteht sie sowohl das soziale Netzwerk von Familie, Freunden, Kollegen und Bekannten, als auch das »Unterstützungssystem«, bestehend aus Professionellen wie Ärzten und Therapeuten, aber ebenfalls den Friseur oder Fitnesstrainer. Heller betont dabei das Prinzip »Wie du mir, so ich dir«, also die Reziprozität. Das geht in eine ähnliche Richtung wie die oben aufgestellte Behauptung, dass gute Bindungen nur in dem Maße erreicht werden können, wie es einem selbst gut geht. Also auch keine Bindung und Beziehung um jeden Preis. Oder unter dem Vorzeichen, dass diese nicht für die Ewigkeit geschlossen werden – jedenfalls, wenn sie unmittelbar nach einer Krise neu eingegangen werden.

Der Vollständigkeit halber möchte ich das Resilienzmodell von Jutta Heller (für ein starkes seelisches »Immunsystem«) kurz erläutern. Sie zählt sieben Schlüssel zur Resilienz auf, zu denen auch die – eben bereits erwähnte – Netzwerkorientierung gehört (bei ihr an fünfter Stelle) und die Selbstwirksamkeit (an dritter Stelle). An erster Stelle steht bei Heller die Ak-

zeptanz, auf Platz zwei der Optimismus, Platz vier ist die Verantwortung (die jemand für sein Leben übernimmt), Platz sechs die Lösungsorientierung, Platz sieben die Zukunftsorientierung.

Das Resilienzkonzept war und ist eines der Modelle, die mir intellektuell Nahrung gegeben haben, vor allem während der ersten Zeit nach meiner Krise. Und zwar zum einen deshalb, weil Resilienz zumindest in Teilen erlernbar ist, und zum anderen, weil zumindest einige Resilienzforscher sie durchaus auch Menschen zugestehen, die psychische Krisen (oder meinetwegen »Krankheiten«) erlitten haben und sich in einem Genesungsprozess befinden.

Also, wenn Sie Kraft in sich spüren und sich einen positiven Blick auf sich und weitere Entwicklungen nicht austreiben lassen wollen, bleiben Sie – mit Unterstützung des Resilienzkonzeptes – bei Ihrem Selbstvertrauen und Ihrer Hoffnung. Suchen Sie sich die Familienangehörigen, Freunde, Bekannten, Helfer, Therapeuten, die Sie in dieser Hinsicht stärken, auch wenn so eine Suche manchmal dauert. Es geht nicht darum, Menschen zu finden, die Ihnen völlig unkritisch gegenüberstehen, sondern Menschen, die einen Blick für Sie und Ihre Einzigartigkeit haben, die Sie erkennen können.

Natürlich sind Sie im ersten Moment vielleicht froh, dass Sie überhaupt jemand mag und dieser Jemand trotz Ihres vermeintlichen Makels, ihrer Krankheit oder der gerade noch virulenten Krise Kontakt mit Ihnen haben möchte. Lassen Sie sich die Hand reichen, wenn es Ihnen schlecht geht und dieser Mensch Ihnen gut tut und Sie tröstet. Doch leisten Sie sich das Selbstbewusstsein, sobald es sich wieder bei Ihnen einstellt, Ihre Beziehungen abzuklopfen – vor allem diejenigen, die an einem solchen Tiefpunkt gestartet sind. Welche Motive stecken bei dem anderen dahinter? Ist es eine Art Mutter-Theresa-Syndrom, das Sie quasi dazu verpflichtet, hilflos und bedürftig zu bleiben? Oder freut sich dieser Mensch über jeden Schritt in Richtung Autonomie und Heilung? Niemand ist perfekt und jeder hat Gründe, warum er bestimmte Dinge tut. Und natürlich ist zu berücksichtigen, dass Sie mit Ihrer Macke, Ihrem Webfehler, Ihrer Krankheit (egal wie Sie das nennen) oder Ihrer schweren Krise Menschen, die – oberflächlich betrachtet – von so etwas verschont sind, belasten. Ich rate aber dazu, ein wenig Augenmerk auf das Gleichgewicht in einer solchen Beziehung zu legen und zu schauen, dass dieses erhalten bleibt. Im anderen Fall könnten solche Bindungen Sie einengen, sobald Sie aus Ihrem Kokon herausschlüpfen wollen.[76] Denn der Kokon soll ja platzen, wenn Sie sich nach der Krise entwickeln, was Sie ganz bestimmt tun werden. Hier ist eine schöne Gelegenheit, darauf hinzuweisen, dass Krise als chinesisches Schriftzeichen zwei Wortbestandteile hat: Der erste Teil heißt Gefahr, der zweite Teil Möglichkeit oder Chance.

Um die Balance in Beziehungen zu halten, ist es auf der anderen Seite logischerweise auch wichtig, dass die Menschen, die Sie sich aussuchen, wirklich helfen und Sie nicht im Regen stehen lassen, wenn es brenzlig wird. Ich weiß, dass ich persönlich ein wenig darauf schauen muss, wer überhaupt verlässlich ist und eine gewisse Standfestigkeit aufweist. Hätte ich da früher mehr verlangt und gleichzeitig mehr zu mir und meinen Schwächen gestanden, wäre meine letzte Krise vielleicht etwas anders ausgegangen. Das ist kein Vorwurf an diejenigen, die damals da waren, nur ein Punkt, auf den ich heute mehr Wert legen sollte, finde ich.

Schließlich noch eine Anmerkung von Jann Schlimme, einem der beiden Psychiater, die sich freundlicherweise diesen Text kritisch angeschaut haben: Menschen mit psychischen Problemen sollten im Hinblick auf Freundschaften besonders darauf achten, dass sie sich auch einmal zurückziehen dürfen und genug Zeit für sich haben. Details zu diesem Thema finden sich gleich in Kapitel sieben.

Und ganz zum Schluss: Orientieren Sie sich, besonders in diesem Kapitel über Freunde und Gefährten, wieder an den Katzen. Haben Sie schon einmal erlebt, dass eine Katze Freundschaft mit jemandem schließt, der nicht auf ihre Schrullen und Extravaganzen eingeht? Ich nicht. Diese wunderbaren Tiere befinden sich sowieso in der idealen Balance. Nach der Meinung von Experten wollen sie – anders als Hunde – Menschen ja auch nicht als Anführer betrachten, sondern als Ebenbürtige. In diesem Sinne.

Paulas Schreibübung

Schreiben Sie einen »unsent letter«[77], also einen Brief, der nur für Sie selbst bestimmt ist und den Sie nicht abschicken. Darin sprechen Sie aus, was Sie einem guten Freund schon immer sagen wollten, sich aber nicht getraut haben. Formulieren Sie auch, was zwischen Ihnen steht. Schreiben Sie einfach drauflos. Wenn Sie wütend sind, drücken Sie das genauso aus, wie wenn Sie traurig sind. Schreiben Sie einen weiteren Brief, in dem Sie Ihrem Freund sagen, was Sie an ihm schätzen. Diesen Brief schicken Sie ab. Über den ersten Brief denken Sie noch einmal nach. Falls Sie den Eindruck haben, es wäre vielleicht doch wichtig, mit Ihrem Freund oder Ihrer Freundin über das zu sprechen, was Sie dort aufgeführt haben, picken Sie den wichtigsten Punkt heraus und wählen Sie einen guten Zeitpunkt und eine freundliche Art, ihm oder ihr das zu vermitteln.

Kapitel 4

SCHREIBEN ODER SONST WAS KREATIVES ...

*Wenn es mir schlecht geht, schreibe ich,
Es tut dann immer noch weh, aber weniger.*
  Yehuda Poliker

*Nicht was wir gelebt haben, ist das Leben,
sondern das, was wir erinnern und wie wir es
erinnern, um davon zu erzählen.*
  Gabriel García Márquez

*Wenn ich verzweifelt bin
schreibe ich Gedichte
Bin ich fröhlich
schreiben sich die Gedichte
in mich
Wer bin ich
wenn ich nicht
schreibe*
  Rose Ausländer

SCHREIBEN HEILT. Es macht Furchtbares greifbar und gestaltbar, holt emotionale Belastungen hervor und lindert sie, nimmt ihnen den Schrecken und hilft, mit ihnen abzuschließen. Schreiben ordnet. Es katapultiert Sie in andere Welten und möglicherweise auch in eine glücklichere Zukunft. Schreiben – und das gilt für alle Formen kreativen Gestaltens – bringt Ihre Lebenslust und Lebensfreude wieder in Gang, nährt Fantasie und Hoffnung.

All das wussten die Menschen wahrscheinlich schon bald, nachdem sie diese Kulturtechnik erfunden hatten. Jedenfalls spricht auch Aristoteles in seiner »Poetik« von der kathartischen Wirkung des Schreibens, also seiner entlastenden und reinigenden Wirkung. Bevor ich diesen Gedanken vertiefe, erzähle ich Ihnen wieder von mir und meiner persönlichen Geschichte mit dem Schreiben, meinem Verhältnis zu Sprache.

Als Kind und Jugendliche habe ich sehr, sehr gerne gelesen und in der Schule auch mit Freude Aufsätze geschrieben und sogar Märchen. Zum Tagebuchschreiben konnte ich mich aber nicht recht durchringen, zu sehr schämte ich mich meiner Gedanken und Gefühle, die mir, wenn ich sie wieder las, merkwürdig vorkamen. Vielleicht war ich einfach nur zu schüchtern und hatte zu wenig Selbstbewusstsein. Dann traf es sich aber, dass ich schon früh für eine Regionalzeitung gearbeitet habe und dabei natürlich mit Schreiben konfrontiert wurde. Das journalistische Genre fiel mir leichter, schließlich ging es um Berichte über andere Menschen und ihre Schicksale oder über Ereignisse, die die Öffentlichkeit betreffen, um Meinungen, Stellungnahmen, Interviews. Das alles hat mir so gut gefallen und so viel Spaß gemacht, dass ich – statt Deutschlehrerin zu werden, was ich ursprünglich vorgehabt hatte – den Beruf der Journalistin ergriffen habe. Der Abschied von der Zeitung und der Wechsel zum Hörfunk fielen mir nicht ganz leicht. Denn Texte für das Radio müssen von ihrer Sprachkunst und Sprachgewalt einiges an die Stimme abtreten und Kompromisse eingehen. Es darf nicht zu kompliziert werden, die Sätze sollen kurz sein, damit sie schnell aufgefasst werden können. Das ausführlichere Schreiben verfiel in eine Art Winterschlaf, wenn ich Gebrauchstexte wie meine Examensarbeit einmal außer Acht lasse. Und das, obwohl ich immer den Wunsch verspürt hatte, irgendwann in meinem Leben einmal ein Buch zu schreiben. Die Zeit schien nicht zu drängen, und ohnehin wusste ich nicht recht, was ausgerechnet ich einer breiteren Öffentlichkeit mitzuteilen hätte. Doch dann wurde ich zum ersten Mal psychisch krank, Anfang der 2000er-Jahre.

Nachdem mir das zum zweiten und zum dritten Mal passiert war, wurde mir klar, dass ich mit meinen Psychosen Grenzerfahrungen menschlicher Existenz erlebt hatte. Ich begriff, dass Verrücktwerden ein lohnendes Thema ist, vielleicht das Thema, nach dem ich gesucht hatte. Aber nun versagte sich mir für einige Zeit erst einmal die innere Stimme. Ich hatte, obwohl ich beruflich durchaus täglich schrieb, Hemmungen, in Worte zu fassen, was ich erlebt hatte, war blockiert. Ganz langsam tastete ich mich an die Sache heran. Belegte Kurse für kreatives Schreiben und bastelte an kleinen Gedichten und kurzen Geschichten. So sollte ein Roman entstehen, so entstanden immer wieder neue Fassungen.

Der Roman war aber nicht ausgereift, mir fehlte letztlich ein Quäntchen Distanz zu mir selbst und noch ein wenig Übung und Ausdauer in der Formulierung. Wie auch immer, kaum von meinem Werk überzeugt, bot ich es zwei Verlagen an, die damit nicht recht etwas anfangen konnten. Meine Kraft, neben meiner Berufstätigkeit weiter daran zu arbeiten, war zunächst einmal aufgebraucht. Das Projekt ruhte. Dann kam auch schon ziemlich bald die Psychose, die letzte und verheerende.

Manchmal nehmen Wünsche und Vorahnungen und deren Erfüllung einen seltsamen Weg. Nach der Psychose hatte ich als eine Art Wiedergutmachung für all die Seltsamkeiten, die ich während meiner verrückten Zeiten angerichtet hatte, ein Radiofeature im Kopf. Ich wollte die Psychose rekonstruieren, aber nicht nur aus meiner Sicht, sondern wie ein Kaleidoskop zusammengesetzt auch aus der Perspektive von Menschen, die mich in dieser Phase erlebt hatten. Ich besprach die Angelegenheit mit einer Journalistenkollegin, Claudia, bot das Thema meinem ehemaligen Arbeitgeber, dem SWR, an. Es entstand, wie bereits erwähnt, ein solches Radiofeature, das im Oktober 2017 ausgestrahlt wurde – unter Pseudonym, noch nicht unter meinem echten Namen.[78]

Dann ging alles ganz schnell. Ein Verlag, der Bonner Dietz-Verlag, wurde durch das Feature auf meine Geschichte aufmerksam. Der Verlagsleiter fragte mich, ob ich sie in einem Buch erzählen wollte. Ich wollte. Im November begann ich mit den ersten Recherchen für das Buch, im Dezember fing ich mit dem Schreiben an. Das Buch, vor allem in der Absicht geschrieben, über das Phänomen Psychose aufzuklären und so eventuell Stigmatisierungen entgegenzuwirken, wurde ein Erfolg und kletterte sogar in die heiligen Ränge der

Spiegel-Bestsellerlisten. Es hatte eine positive Außenwirkung und hat tatsächlich eine Diskussion mit befeuert, wie ich gehofft habe. Viele freundliche Rückmeldungen haben mir gezeigt, was das Buch bei seinen Lesern alles ausgelöst hat. Ich möchte Ihnen hier einige davon präsentieren, nur damit Sie einen Eindruck erhalten, *wie* stark das Thema offenbar immer noch tabuisiert wird und wie wichtig eine Auseinandersetzung damit ist.

Ein Betroffener mit der Diagnose »Schizophrene Psychose« schreibt: »Herzlichen Glückwunsch zu deinem Buch und großen Respekt für deinen Mut ... Ich schreibe dir, weil du mich mit deiner Energie und deiner positiven Art sehr beeindruckst.«

Eine Sozialarbeiterin: »Ich betreue ambulant psychisch kranke Menschen und liebe meinen Job. Gerade habe ich ihr Buch gelesen und bin sehr beeindruckt. Ich fühle mich durch Sie, durch die Interviews, welche Sie geführt haben, durch die Eindrücke, die Sie geschildert haben, sehr in meiner Arbeit bestätigt. Ich danke Ihnen herzlich für dieses Buch, es gibt mir Kraft, so weiterzumachen, wie ich es für richtig halte, auch wenn mir Wogen von Ignoranz und Intoleranz entgegenschlagen.«

Der Mann einer psychisch kranken Frau, die bereits verstorben ist: »Ich wünsche Ihnen viel Kraft und auch, dass Sie eines Tages ohne die Tabletten auskommen ... Ich denke, Sie sind eine starke Frau, die in der Lage war und ist, sich auch aus dem tiefsten Tal wieder nach oben zu kämpfen, denn Sie hatten ja so gut wie alles verloren. Ich ziehe wirklich den Hut vor Ihnen, ich weiß nicht, ob ich sowas auch geschafft hätte.«

Ein Leser: »Ich finde, Sie sind eine großartige Frau, die das Zeug hat, dieses Thema zu enttabuisieren. Ebenso finde ich, dass man betroffene Menschen als Fachleute Ihrer Erkrankungen anerkennen sollte. Nichts ist schlimmer, als von anderen Menschen nicht ernstgenommen zu werden. Bleiben Sie dran. Oder wie man hier sagt: Hau rein.«

Dies gebe ich Ihnen jetzt nicht wieder, damit Sie mich bewundern oder mein erstes Buch kaufen, sondern um Ihnen zu vermitteln, wie solche ernst gemeinten, liebevollen Kommentare Verletzungen aufwiegen konnten, die ich vorher erlitten hatte. Diese Rückmeldungen und auch ähnliche Reaktionen bei Lesungen hatten so viel Positives und Heilendes für mich, dass die Wirkung für meinen Genesungsprozess überhaupt nicht überschätzt werden kann.

Schließlich hatte ich durch das Buch die Gelegenheit, eine schwere Krise in Worte zu fassen und sie noch einmal in ihrer ganzen Hässlichkeit zu betrachten – etwas, das nicht jedem Menschen gegeben ist. Zum einen konnte ich alles in meinen Worten benennen und meine Auffassung über Ursachen dieser Krankheit darlegen, gleichzeitig aber das Geschehene mit den Augen anderer sehen – auch wenn es mitunter schmerzhaft war, festzustellen, wie stark die durch mein Irre-Sein hervorgerufenen Irritationen waren. Durch den Entschluss, das Buch unter meinem echten Namen zu veröffentlichen, bekam ich außerdem die Chance, zu mir selbst zu stehen. Ich hatte die Intuition: Mach es, überwinde deine Angst, nicht zu gefallen und anzuecken. Habe Mut. Es wird sich für dich lohnen.

Und genau so ist es gekommen, wie Sie eben vielleicht schon nachfühlen konnten, hat es sich auf alle Fälle gelohnt. Wenn Sie sich, in welcher Form auch immer, auf einen ähnlichen Prozess einlassen, werden Sie feststellen: Natürlich ist so ein Weg von Zweifeln begleitet. Aber wenn Sie ihn durchlaufen haben, stehen Sie anders, selbstbewusster da. Sie teilen Ihr Leid mit vielen Menschen, die mit Ihnen empfinden oder selbst ähnliche Erfahrungen gemacht haben. Das ist Balsam für Ihre Seele. Mehr noch: Das Gefühl, dass Sie mit Ihren Erfahrungen sogar für andere Menschen sprechen und deshalb Sinn erleben können, gibt Ihnen Halt. Das ist besonders wichtig, wenn Sie noch auf der Suche sind nach einem neuen Sinn in ihrem Leben, weil die bisherigen Leitsterne durch eine schwere Krise vom Himmel gefallen sind.

In diesen Zusammenhang passt auch wieder das im Kapitel über Beziehungen ausführlich dargelegte Resilienz-Konzept[79] beziehungsweise das Konzept von Kohärenz. Darunter fasst der »Salutogenese«-Begründer Aaron Antonovsky[80] Verstehbarkeit, Handhabbarkeit und Bedeutsamkeit. Damit ist gemeint: Ein Schicksalsschlag kann eingeordnet und erfasst werden, er überflutet den Menschen nicht als chaotischer Einfluss oder jedenfalls nur kurzfristig. Es ist außerdem möglich, diesen Schicksalsschlag zu bewältigen.

Schließlich verfügt der kohärente Mensch über die Fähigkeit, trotz einer schweren Krise Lebenssinn zu bewahren oder sogar im Schicksalsschlag (manchmal nachträglich) einen Sinn auszumachen.[81]

Wer grundsätzlich Zugang zum Schreiben hat und sich nach einer schweren Krise wieder aufrappeln will, dem kann ich das Schreiben nur mit allem Nachdruck ans Herz legen. Es hat so viele Vorteile, für Sie selbst und möglicherweise eben auch für andere. Wer mir nicht glaubt oder zweifelt, dem kann ich versichern: Ich stehe mit der Auffassung wahrlich nicht alleine da. Die therapeutische, heilende Wirkung von Schreiben ist mittlerweile auch in der Forschung unumstritten.

SCHREIBEN ALS THERAPIE

Die Ärztin Silke Heimes[82] hat die heilende Wirkung des Schreibens[83] systematisch beschrieben und einen Überblick wissenschaftlicher Belege geliefert. Zusammenfassend hat sie insbesondere drei Effekte ausgemacht, denen sie sogenannte Wirkfaktoren zuordnet: Die Emotionsregulation – dazu gehören für Heimes Selbstoffenbarung und Verarbeitung belastender Ereignisse. Der geförderten Selbstwirksamkeit stellt die Ärztin und Schreibexpertin die Wirkfaktoren Kognitionsförderung, Neubewertung[84], Kohärenzerleben, Selbstkonzept und Lebensziele an die Seite. Zur verbesserten sozialen Integration gehören nach ihrer Auffassung die Wirkfaktoren soziale Unterstützung und Kommunikationsförderung. Zwar sind die meisten Studien in Zusammenhang mit schreibtherapeutischen Methoden von Wissenschaftlern in den USA durchgeführt worden. Aber das Thema findet auch hierzulande zunehmend Aufmerksamkeit.

Laut diesen Studien ist Schreiben insbesondere gut einzusetzen bei der psychischen Verarbeitung schwerer Krankheiten, in der Therapie von Süchten, bei Posttraumatischen Belastungsstörungen im Rahmen der Trauma-Therapie, bei der Therapie von Depressionen und Essstörungen sowie bei der Burnout-Prophylaxe. Die Schreibexpertin, Therapeutin und Coach Carmen C. Unterholzer[85] weist darauf hin, dass Schreiben höchstens dann nicht das Mittel der Wahl sein sollte, wenn sich der Mensch in einer sogenannten Problemtrance befindet, also gedanklich ständig um vermeintliche oder tatsächliche Schwierigkeiten kreist. Dann könnten ihrer Auffassung nach negative Erfahrungen festgeschrieben werden.

Dass Schreiben als Heilmethode uralt ist, habe ich eben schon mit dem Hinweis auf Aristoteles festgestellt.[86] Die Griechen kannten für die Dicht- und die Heilkunst bezeichnenderweise einen gemeinsamen Gott, Apollon. Wenn wir die verschiedenen literarischen Methoden einmal auslassen und uns auf therapeutische Ansätze konzentrieren, befinden wir uns schon im 19. Jahrhundert. Benjamin Rush, einer der Gründer der USA und Vater der US-amerikanischen Psychiatrie, soll Schreibmethoden bei seinen psychisch erkrankten Patienten im Pennsylvania Hospital angewandt haben.[87] Pierre Janet, einer der bekanntesten Psychiater Frankreichs und Zeitgenosse Sigmund Freuds, Anwender von Hypnose, hat seine Patienten unter diesem Einfluss zum Schreiben angehalten, um das »Unbewusste« ins Bewusstsein zu holen. Der Psychoanalytiker Vladimir N. Iljine trat in die Fußstapfen seines Vorbildes Sándor Ferenczi, Schüler Sigmund Freuds, der mit kreativen Methoden experimentiert hat. Iljine forderte seine Patienten auf, nach der Stunde zu schreiben, um Veränderungen und neue Erfahrungen zu verankern. Er rief auch ein therapeutisches Theater ins Leben und schrieb für seine Patienten Rahmenstücke, die auf ihrer Biografie basieren. Aufsehen erregte 1903 der deutsche Jurist und Schriftsteller Daniel Paul Schreber, der wegen Psychosen vierzehn Jahre lang Patient in einem Irrenhaus war und sich dort mit automatischem Schreiben befasste, bis er nach Erscheinen seines Buches *Denkwürdigkeiten eines Nervenkranken* die Anstalt verlassen konnte – zumindest für vier Jahre.

Einige Jahre später entwickelt sich in den USA die moderne Schreibtherapie. In den 1930er-Jahren prägt der Psychiater Jacob Levy Moreno den Begriff »Psychodrama« für eine expressive Therapieform, die heute noch angeboten wird. Damals bildeten die Klienten über ein Verfahren, das Moreno »Psychopoetry« nannte, aus dem Stehgreif Verse, die keinen Sinn ergeben mussten. Die Bezeichnung »Poesietherapie« stammt ursprünglich von dem Schriftsteller Eli Greifer, der als freiwilliger Helfer im Creedmoor State Hospital in New York mit Gedichten arbeitete. Er wandte seine Erkenntnisse

in den 1950er-Jahren an als Leiter von schreibtherapeutischen Gruppen im Cumberland Hospital, dem die beiden Psychiater Jack J. Leedy und Sam Spector vorstanden. Vom Wirken Greifers überzeugt, gründete Leedy 1966 in New York das »Poetry Therapy Center« und drei Jahre später die »Association for Poetry Therapy«. Wenige Jahre später, 1973, hob der Psychologe und Lyriker Arthur Lerner in Los Angeles das »Poetry Therapy Institute« aus der Taufe. Er verfasste später eines der wichtigsten Standardwerke zum Thema: *Poetry in the Therapeutic Experience.*[88]

Im deutschsprachigen Raum machten Ilse Orth und Hilarion Petzold, Begründer des Fritz-Perls-Instituts im nordrhein-westfälischen Hückeswagen, die Poesie- und Bibliotherapie bekannt. Sie wirken bis heute vor allem in der Therapierichtung »Integrative Psychotherapie«. Seit 1984 gibt es eine »Deutsche Gesellschaft für Poesie- und Bibliotherapie«.

Zum »Expressiven Schreiben« führte der kognitiv-behavioral geprägte texanische Psychologe James W. Pennebaker schon in den achtziger Jahren Studien durch, die die heilsame Wirkung des expressiven Schreibens nach kritischen Lebensereignissen belegen. Er kam, wie viele nach ihm, zu dem Schluss: »Wenn Menschen über emotionale Erfahrungen schreiben, verbessert sich ihre physische und mentale Gesundheit signifikant«[89].

Die im Kasten geschilderte Entwicklung bezieht sich zumeist auf Schreiben unter medizinisch-psychologischer Anleitung. Es gibt aber keinen Grund, nicht selbst einfach loszulegen, außer, dass Sie sich unsicher sind und eine Begleitung von daher sinnvoll ist.[90]

Ein ganz einfacher Einstieg geht so: Stellen Sie sich den Wecker etwas früher als sonst, eine Viertelstunde reicht, und setzen Sie sich mit einer Tasse Tee oder Kaffee an ihren Frühstückstisch. Nehmen Sie sich eine Kladde vor, die Sie in der Papeterie besonders angelacht hat, greifen Sie nach einem Stift, der gut in der Hand liegt und einfach über das Papier gleitet. Suchen Sie sich da ruhig ästhetisch ansprechende Dinge aus. Ich mag zum Beispiel meinen rot-metallicfarbenen Füllfederhalter sehr gerne und benutze schwarze Tinte. Sie können Ihre Schreib-Viertelstunde ruhig zu einem sinnlichen Ereignis machen und die Zeit zelebrieren. Und dann: Schreiben Sie einfach drauflos! Ob Sie jetzt ein paar Sätze im Tagebuchstil festhalten (also zum Beispiel aufschreiben, was gestern passiert ist) oder ob Sie eine lustige Begebenheit vom letzten Familienfest niederschreiben, oder Ihre Gefühle in einem traurigen Gedicht ausdrücken wollen – egal. Sie können alles in eine Kladde schreiben oder sich für jedes Genre ein neues, hübsches Buch aussuchen und so gleich für ein wenig für Ordnung sorgen. Begegnen Sie in beiden Fällen Ihrer neuen Leidenschaft mit liebevoller Aufmerksamkeit.

Ich persönlich habe viel gelernt durch die von der US-Amerikanerin Julia Cameron entwickelte Methode der »Morgenseiten« – ein gar nicht unbedingt therapeutisch (oder *nur* therapeutisch) angelegtes Werkzeug –, um seiner eigenen Kreativität und sich selbst näher zu kommen[91]. Beim klassischen Morgenseiten-Schreiben schließt der künftige Schreiber mit sich selbst einen Vertrag, täglich drei Seiten expressiv zu schreiben, also alles zu Papier zu bringen, was ihm in den Kopf kommt, Banales und Wichtiges, Sinnliches und Analytisches. Das führt dazu, dass das Bewusstsein frei für Inspirationen wird. »Man kann die Morgenseiten nicht auf die falsche Art schreiben. Diese täglichen Morgenspaziergänge sind nicht als Kunst gedacht. Nicht einmal im klassischen Sinne als Text ... Die Morgenseiten verlangen von Ihnen lediglich, Ihre Hand über die Seite zu bewegen und niederzuschreiben, was immer Ihnen in den Sinn kommt. Nichts ist zu unbedeutend, zu albern und zu skurril, um aufgeschrieben zu werden«,[92] so beschreibt Julia Cameron selbst ihre Methode. Außerdem verpflichtet sich der Schreiber, einen sogenannten »Künstlertreff« durchzuführen, »ein wöchentliches Zeitfenster von vielleicht zwei Stunden, das Sie sich freihalten, um Ihr kreatives Bewusstsein und Ihren inneren Künstler zu nähren. In seiner ursprünglichen Form ist der Künstlertreff ein Ausflug, eine Verabredung zum Spielen, die Sie im Voraus planen und gegen alle Übergriffe verteidigen. Sie nehmen niemanden auf diesen Künstlertreff mit außer Ihren inneren Künstler beziehungsweise Ihr kreatives inneres Kind.«[93]

In eine ähnliche Richtung geht auch das von der US-Amerikanerin Kathleen Adams konzipierte »Journal to the Self«, eine Art weiterentwickelte Tagebuchmethode, die für den deutschsprachigen Raum von der Schreibexpertin Birgit Schreiber am Writer's Studio Wien gelehrt wird.

Die »Morgenseiten« und das »Journal to the Self« führen uns zu einem anderen Begriff und einer von der Motivation her anderen Art des Schreibens, dem kreativen Schreiben, im US-amerikanischen als »Creative Writing« bekannt. Möglicherweise liegt Ihnen dieses Konzept mehr, denn es lässt viel Raum für ästhetische Aspekte. Hier gibt es in Deutschland und den USA unterschiedliche Traditionen. Die deutsche gründet in der deutschen Romantik, die den Schreibenden, den Poeten, mit dem Nimbus des Genialen versieht – und damit den Menschen vor dem Griff zum Stift unnötig hohe Hürden aufstellt, Schreibblockaden mit falschen Argumenten füttert.[94]

Nach Auffassung des verstorbenen Literaturwissenschaftlers Dietrich Schwanitz trennt der kontinentaleuropäische Geniebegriff die hiesige von der angelsächsischen Welt. Das Genie sei eine Art aristokratisches Aufbegehren gegen das neue Bürgertum und seine Ordnung. In den USA gibt es aber keine Aristokratie: »Die Amerikaner ersetzen ihn durch den Begriff der Kreativität. Der Geniebegriff war letztlich europäisch und aristokratisch. Er bezeichnete die Form, in der der Bürgerliche noch Aristokrat sein konnte: hochmütig, überlegen, die Niederungen des Broterwerbs verachtend, ein Ritter und Märtyrer der schönen Lebensform. Das Konzept der Kreativität war amerikanisch und demokratisch. Er normalisierte das Genie.«[95] Daraus folgt auch, was schon der Begriff »Creative Writing« impliziert: Dieser Ansatz, zu geschriebenen Texten, aber auch zu Literatur zu gelangen, ist ein US-amerikanischer und dort entstanden.

Wie wird nun »Creative Writing« definiert? Barbara Glindermann weist auf die vielen verschiedenen Ausprägungen hin: Die Bandbreite des Begriffs reiche »von Rhetorik über expositorische Kompositionslehre, vom therapieorientierten Selbstausdruck bis hin zur literarischen Schreibausbildung durch Schriftsteller.«[96] Hier findet sich der therapeutische Aspekt wieder, der auch beim literarischen Schreiben häufig eine Rolle spielt (wenn vielleicht noch eine Unterscheidung vorgenommen werden sollte), nur nicht im Vordergrund steht. Josef Haslinger, ehemaliger Direktor des deutschen Literaturinstituts in Leipzig und Professor für literarische Ästhetik: »Es geht bei Creative Writing nicht darum, jemandem andere Schreibweisen aufzuoktroyieren, sondern das zu entwickeln, was sich als das Eigene verstehen lässt.«[97] In den USA und in England wird in Definitionen der Charakter des Handwerks vom guten Schreiben betont.

SCHREIBKURSE AN UNIVERSITÄTEN

Kurse an den Universitäten wurden dort bereits im Zeitraum von 1880 bis 1940 etabliert und sind heute – im Gegensatz zu Europa – Bestandteil des Lehrplans jedes Studenten. So weit ist Deutschland noch nicht, allerdings gibt es Kurse im kreativen Schreiben mittlerweile an den Universitäten Freiburg und Viadrina in Frankfurt/Oder (»literarisches Schreiben«). Ganze Studiengänge mit Abschlüssen sind an den Universitäten Leipzig (»literarisches Schreiben«), Hildesheim (»kreatives Schreiben und Kulturjournalismus«) sowie an der Berliner Alice-Solomon-Hochschule (»biografisches und kreatives Schreiben«) und an der Berliner Hochschule der Populären Künste (»Kreatives Schreiben und Texten«) zu belegen und zu erwerben.

Der Vollständigkeit halber erwähne ich jetzt noch den Begriff des autobiografischen Schreibens. Das kann natürlich therapeutisch sein (beziehungsweise diese Motivation kann im Vordergrund stehen), es kann im Rahmen von kreativem Schreiben Thema sein, aber auch zum literarischen Schreiben gehören. Auf der Suche nach interessanten Themen und Erfahrungen ist natürlich das eigene Leben und Erleben sogar die wahrscheinlich und ehrlicherweise wichtigste Quelle für jede Art von Texten. Der Schriftsteller Hanns-Josef Ortheil spricht in seiner kleinen Anleitung »Schreiben über mich selbst« vom »autobiografischen Potential«[98].

Damit hoffe ich, Sie überzeugt zu haben, dass außer mir jede Menge kluge und kreative Menschen für das Schreiben plädieren, wenn es um die Bewältigung einer Krise geht und darum, sich wieder »ins Leben (zu) schreiben« (so der Titel eines Buches der Kölner

Schreiben oder sonst was Kreatives ...

Schriftstellerin und Dozentin Liane Dirks[99]). Schreiben kann ein Schiff sein, das Sie nach massiv verstörenden Einschnitten in Ihrem Leben wieder in einen sicheren Hafen trägt, nämlich zu sich selbst. Sie kommen also schreibend aus der Krise heraus, indem Sie das Wunde hervorholen, sichtbar machen und trösten, Verbände aus Worten anlegen. Wenn Sie sich dann richtig angefreundet haben, steht Ihnen das Schreiben immer weiter als Begleiter zur Verfügung – es bleibt an Ihrer Seite auf ihrem »Weg zur Selbstentfaltung«, wie Dirks im Untertitel ihres Buchs konkretisiert.

Dabei ist Schreiben natürlich nur eine Möglichkeit, wenn auch eine einfache, weil jeder mit Schreiben zu tun hat, weil man wenig Material braucht und die Hürden für die meisten nicht so hoch liegen wie bei anderen kreativen Methoden, in denen sich Leid ausdrücken und verarbeiten lässt. Silke Heimes[100] nennt an künstlerischen Therapien etwa noch die Maltherapie, die Musiktherapie, die Tanztherapie oder das Therapeutische Theater. Nehmen Sie den Begriff »Therapie« weg, wenn Sie ihn nicht mögen, und drücken Sie sich einfach in dem aus, was Ihnen am meisten liegt und zusagt. Sie werden sehen, wie Sie sich durch den kreativen Prozess entlasten, heilen und Schritt für Schritt Lebensfreude zurückgewinnen.

Also greifen Sie zum Stift, wenn es Ihnen nicht zu schlecht geht[101], und folgen Sie zum Beispiel dem Aufruf von Julia Cameron, regelmäßig Morgenseiten zu verfassen. Gerne können Sie sich, wie eben schon gesagt, in einem Tagebuch ausprobieren. Nehmen Sie sich Paulas Schreibübungen vor. Fassen Sie Geschehnisse in Worte, die Ihnen passiert sind. Schreiben Sie über Ihre erste Liebe, Ihr schönstes Spiel als Kind, über eine Situation, die Ihnen früher peinlich war und über die Sie heute lachen können. Tasten Sie sich langsam an Ihr Leben mit seinen bunten, traurigen, aber vor allem zauberhaften Seiten heran. Lesen Sie parallel Literatur. Versuchen Sie, Passagen nachzuahmen und den Stil auf Ihre eigenen Themen anzuwenden. Betrachten Sie etwa einen Romananfang oder schauen Sie einmal bewusst, wie der Autor oder die Autorin Figuren herausarbeitet, Landschaften beschreibt, Spannung erzeugt. Und falls Sie das alles gerne in einer Gruppe machen – in jeder größeren Stadt findet sich ein Volkshochschulkurs oder eine Schreibwerkstatt.

EINE KLEINE AUSWAHL VON BÜCHERN, DIE ZUM SCHREIBEN ANIMIEREN

ADAMS, KATHLEEN (1990). *Journal to the Self. Twenty-two Paths to Personal Growth*. New York: Grand Central Publishing.
CAMERON, JULIA (2009 Neuausgabe). *Der Weg des Künstlers. Ein spiritueller Pfad zur Aktivierung unserer Kreativität*. München: Knaur MensSana.
CAMERON, JULIA (2003). *Von der Kunst des Schreibens … und der spielerischen Freude, Worte fließen zu lassen*. München: Knaur MensSana.
DIRKS, LANE (2015). *Sich ins Leben schreiben. Der Weg zur Selbstentfaltung*. München: Kösel.
RECHENBERG-WINTER, PETRA; RANDOW-RUDDIES, ANTJE (2017). *Poesietherapie in der systemischen Praxis*. Göttingen: Vandenhoeck & Ruprecht.
SCHREIBER, BIRGIT (2017). *Schreiben zur Selbsthilfe. Worte finden, Glück erleben, gesund sein*. Berlin: Springer.

All diese Veröffentlichungen haben vor allem motivierenden, Kreativität aktivierenden und heilenden Charakter.

Die folgenden Titel wenden sich spezielleren Themen zu:
ORTHEIL, HANS-JOSEF (2017). *Schreiben über mich selbst. Spielformen des autobiografischen Schreibens*. Berlin: Dudenverlag.
VARGAS LLOSA, MARIO (2004). *Briefe an einen jungen Schriftsteller*. Frankfurt: Suhrkamp.
WOOD, JAMES (2011 / 2. Auflage). *Die Kunst des Erzählens*. Hamburg: Rowohlt. (Ende Kasten)

Kommen Sie mit dem Schreiben in einen Fluss, üben Sie es, machen Sie sich mit Ihrer Kreativität (wieder) vertraut und päppeln Sie sie. Das ist auch wichtig für unsere nächste Station beim Auf-den-Füßen-Landen im »Katzenprinzip«.

Schreiben oder sonst was Kreatives …

Paulas Schreibübung

1. Schreiben Sie einen Aspekt dessen auf, was Ihnen Schlimmes widerfahren ist. (Circa 15 Minuten/Achtung: Die drei Übungen bauen aufeinander auf und gehören zusammen)

2. Ist es Ihnen schon einmal passiert, dass etwas Schlimmes dazu geführt hat, dass auch etwas Neues, Gutes entstanden ist? Schreiben Sie auf, was sich Gutes aus dem Schlechten entwickelt hat. (Circa 20 Minuten)

3. Haben Sie schon eine Ahnung davon, dass auch diesmal das Gute langsam durchbrechen wird? Gibt es einen Teilbereich in ihrem Leben, in dem das bereits zu spüren ist? Regt sich Hoffnung? Schreiben Sie ein Märchen, wie Sie es einem Kind vorlesen würden, um ihm mit Ihrem Einfühlungsvermögen in einer schwierigen Situation zu helfen. Nehmen Sie sich dazu so viel Zeit, wie Sie wollen. Und vielleicht mögen Sie Ihr Märchen am Ende wirklich einem Kind vorlesen?

Kapitel 5

TRÄUME WAGEN

> *Fantasie ist wichtiger als Wissen. Wissen ist begrenzt auf alles, was wir wissen und verstehen, während die Fantasie die ganze Welt umfasst und alles, was es dort jemals zu wissen und verstehen geben wird.*
>
> Albert Einstein

JETZT will diese Frau, deren Fantasie während einer Psychose die komischsten Blüten getrieben hat – ausgerechnet sie – etwas über Träume und Visionen sagen. Ist das nicht gefährlich? Nein, das ist es nicht, und: Ja, das will sie, das will ich!

Denn Träume und Imaginationen, Wünsche und Fantasien gehören zum Wertvollsten, was das menschliche Schatzkästchen überhaupt zu bieten hat, und ganz bestimmt zu den Ressourcen, die Ihnen aus einer Krise heraushelfen können. Mir jedenfalls haben sie geholfen. Auf gar keinen Fall dürfen sie, weil sie sich nicht sofort, nicht vollständig oder möglicherweise sogar gar nicht erfüllen lassen, vom Frust ausgemustert oder von der Hartherzigkeit verurteilt werden. Es ist sogar gefährlich, sich nicht mit ihnen zu beschäftigen oder sie zu ignorieren.[102] Und zwar gerade für jemanden wie mich, dem es passiert ist, dass seine wilden und mit Gefühlen durchdrungenen Gedankenpferde durchgegangen sind – die letzte Psychose, diese wirklich verheerende psychische Krise hatte sich nämlich im Traum angekündigt.

An einem Tag, Wochen, vielleicht sogar Monate vor dem Ausbruch dieser Krise träumte ich, ich wäre irgendwo draußen, im Freien, und sähe zwei umherlaufende Tyrannosaurus Rex. Ich erschrak fürchterlich, lief nach

Hause in die Küche und nahm Tabletten zu mir. Die Dinosaurier waren vertrieben.

Ich hatte diesen Traum, reagierte aber nicht. Ich wollte partout nicht einsehen, dass ich gefährdet war, wieder psychisch krank zu werden. Was natürlich auch daran lag, dass Psychosen mit solch starken Stigmatisierungen behaftet sind. Darum ist es schwierig, sich einzugestehen, unter Umständen mit solch einem »Makel« leben zu müssen.

Heute erkenne ich die Anfälligkeit fürs Verrücktwerden an, weise die Stigmatisierungen aber zurück, auch wenn ich gelernt habe, sie in aller Regel nicht persönlich zu nehmen. Diese Haltung tut mir gut, sie ist weder krankhaft, noch schadet sie irgendwem.

Sie sehen, hätte ich nur auf meine Träume und Vorahnungen gehört, hätten sich mein Körper und meine Seele vielleicht nicht herausgefordert gefühlt, derart durchzudrehen, sich so drastisch zu verhalten und in einer Psychose auszudrücken. Denn gerade das, die Wünsche und Ängste, die sich auf so seltsame Weise dabei gezeigt haben, gehören sorgfältig analysiert und beachtet, sie sollten gehört und gesehen werden. Sonst ist die Gefahr groß, dass die alten Dämonen, also verdrängte, unbeachtete, abgewertete Wünsche und Sehnsüchte, wiederkommen – in böser, verzerrter oder neutral formuliert in unangemessener Gestalt, nämlich als psychische oder körperliche Krankheit.

Ein Beispiel: In meinem Wahn habe ich mir eine illustre Verwandtschaft aus berühmten Persönlichkeiten zusammengestellt. Mein Vater war angeblich Mick Jagger, der Rolling Stones-Leadsänger, meine Mutter die Schauspielerin Grace Kelly, mein Bruder Anthony Kiedis, Leadsänger der Red Hot Chili Peppers. Auch Friedensnobelpreisträger Nelson Mandela gehörte für mich damals zur weiteren Verwandtschaft. In meinen Augen stellen diese manischen Vorstellungen, wie bereits erwähnt, einen Kompensationsversuch meiner Psyche dar. In dem Wunsch, Eigenschaften, die diese berühmten Persönlichkeiten besitzen, auch zu haben, habe ich sie mir einfach fantastisch angeeignet. Sie selbst ein Stück weit zu entwickeln und in mein Leben zu integrieren, das wäre die eigentliche Aufgabe. Das alles erscheint möglicherweise anmaßend, für manche sogar größenwahnsinnig. Doch mit freundlichem Blick betrachtet, ähnelte das, was ich während der Psychose in meinem persönlichen Kinosaal aufführen ließ, letztlich dem, was als Tagtraum wissenschaftlich für einen Großteil der Bevölkerung erwiesen ist. Bei der Recherche über Tagträume habe ich nämlich Folgendes entdeckt: »In Deutschland und China wurden Erwachsene über ihr Verhältnis zum Ruhm befragt. Über 30 Prozent in beiden Ländern gaben an, regelmäßig davon tagzuträumen, berühmt zu sein, und jeweils 40 Prozent der Befragten hofften, in der Realität jene ›fünfzehn Minuten Berühmtheit‹ zu erreichen, die Andy Warhol in seinem viel zitierten Satz für alle in Aussicht stellte.«[103]

Zugegeben, ein Tagtraum ist sozialverträglicher als eine Psychose, schon klar. Aber eine der Begründerinnen der Familientherapie, die US-Psychotherapeutin Virginia Satir, rät in ihrem Buch *Meine vielen Gesichter*[104] sogar ausdrücklich dazu, sich seine inneren Anteile als Prominente vorzustellen: »Spiel mal mit deiner Phantasie und lass dir berühmte Leute einfallen, die du anziehend findest, weil sie dir irgendwie imponieren.«[105] Sie schreibt den Namen auf ihrer persönlichen Liste bestimmte Eigenschaften zu, positive wie negative, und lässt dann immer demjenigen den Vortritt, der jeweils der Passende ist: »Mein mitfühlender Eleanor Roosevelt-Teil könnte in einer Situation gegen mich arbeiten, wo es nötig ist, vernünftig zu handeln, anstatt mitfühlend zu sein. Ich kann meiner Eleanor Roosevelt für ihr Angebot danken, aber jetzt brauche ich Aristoteles. Oder nehmen wir meinen Marlene-Dietrich-Anteil, die Eigenschaft sexy zu sein.«[106] Damit will ich Psychosen auf gar keinen Fall verharmlosen oder gar verherrlichen. Ich möchte nur zeigen, dass sie meistens einen gewissen Sinn ergeben und klarmachen, wie deutungswürdig viele psychotische Anteile sein können – ein Grund mehr, sie wichtig zu nehmen, genau wie Träume.

Echte Träume, also Bilder und Geschichten, die Sie nachts oder sonst während des Schlafes besuchen, sind eine gute – im Unterschied zur Psychose sozial akzeptierte und risikoarme – Möglichkeit, in einen Dialog mit sich selbst zu treten. Psychoanalytisch ausgedrückt verbinden Sie sich beim Träumen mit Ihrem Unbewussten. Es ist ein Gespräch, das manche Menschen kaum kennen, weil sie ihre

Träume sofort vergessen und nicht achten. Doch auch diejenigen, die sich mit dem Erinnern schwer tun, können sich diese Kommunikation erschließen.[107] Wichtig ist, dass Sie sich die Träume wünschen und ihnen positiv gegenüberstehen. Dazu sagt etwa die Psychologin und Traumforscherin Ann Faraday: »In Anbetracht dieser allgemeinen Tendenz der Träume, sich zu verflüchtigen, scheint der grundlegende Faktor, der bestimmt, ob jemand sich an sie erinnert oder nicht, derselbe zu sein, der überhaupt für das Gedächtnis ausschlaggebend ist, nämlich der Grad des Interesses ... Es ist für viele Nicht-Erinnerer eine Überraschung, wenn ihnen gesagt wird, dass ihr ›Traumversagen‹ auf so etwas Einfaches wie Mangel an Interesse zurückzuführen sei, aber die Behauptung wird oft auf dramatische Weise dadurch bestätigt, dass sie sich gleich in der nächsten Nacht, nachdem über das Thema gesprochen wurde, eines Traums entsinnen.«[108]

Wenn Sie diesen Prozess dann noch unterstützen durch ein neben dem Bett liegendes Traumtagebuch[109] und zu Beginn ruhig auch Traumfetzen berücksichtigen, wenn Sie etwas früher aufstehen als sonst und sich Zeit nehmen, sollten sich mit etwas Geduld schon bald erste Erfolge einstellen. Echte Träume sind möglicherweise die ersten kreativen Schöpfungen aus dem Reich der Vorstellungskraft (wo es die Wünsche und die Sehnsüchte gibt, die Vorstellungen und Imaginationen, schließlich die Tagträume und Visionen[110]), die Ihnen den Weg weisen können, wie Sie nach und aus einer Krise wieder gut auf die Beine kommen.

Es kann allerdings sein, dass dieses Reich am Tiefpunkt einer Krise schwerer zugänglich ist, weil Sie sich innerlich vielleicht verschlossen haben aus Kummer und Schmerz oder Verzweiflung. Aber Sie haben sich ja schon an den ersten vier Regeln des Katzenprinzips entlang gehangelt – und wenn Sie mit den Tipps aus dem vorigen Kapitel etwas anfangen konnten, haben Sie Ihr Unbewusstes bereits angefüttert, Sie haben sich wieder mit ihm angefreundet und Ihre Kreativität entfesselt, so dass Sie auf Geschenke aus dem Reich der Träume hoffen dürfen. Träume lassen sich nicht erzwingen, aber hervorlocken. Sie sind wie unsere Vorbilder auf vier Pfoten, die Befehle ignorieren, aber auf freundliche Überzeugung durchaus reagieren.

Es ist gut möglich, dass Sie besser träumen können, nachdem Sie etwas zu Papier gebracht haben oder sich sogar dazu durchringen konnten, ein Bild zu malen.[111] Diesen Trialog zwischen sich selbst, Ihren Träumen und Ihrer Kreativität (die Trennung ist natürlich ein Konstrukt) können Sie natürlich auch in die andere Richtung führen und Ihre Träume, nachdem Sie sie aufgeschrieben haben, visualisieren. Malen Sie ein Bild, auch wenn es nicht exakt dem entspricht, was Sie geträumt haben. Töpfern Sie Figuren aus Ihrem Traum, fertigen Sie eine Collage an. Sie können die Träume dann in bewusstem Zustand weiterspinnen und ausgestalten, *sprichwörtlich* ausmalen.

Eine gute Anleitung für die Collagen finden Sie übrigens in dem Buch *Collage Dream Writing* der Wiener Psychologin, Schreibtrainerin und Dozentin Johanna Vedral.[112] Ich erwähne die Collage-Technik in diesem Kapitel und nicht im vorhergehenden, weil Collagen und Träume so viel gemeinsam haben. Vedral schwärmt: »Die Collage ist wie ein Spiegel, eine Spielwiese, auf der Probehandeln möglich ist. Die Collage ist wie die Mesa einer Zauberin oder die Kristallkugel einer Hellseherin. Wie die Leinwand im dunklen Kinosaal, auf die wir Wünsche und Sehnsüchte projizieren. Oder wie ein tiefer, dunkler Brunnen, in dem viele sonderbare, seltsame und wundersame Schätze verborgen sind.«[113] Weiter schreibt sie: »Collagen sind aber nicht nur Räume, sondern auch Vehikel, sind Fahrzeuge, die durch die Unterwelt, die Innenwelt, ja transpersonale Welten bringen.«[114]

Diese Kombination zwischen verschiedenen künstlerischen Methoden nennt man übrigens intermedial; therapeutisches Arbeiten mit den verschiedensten Künsten ist dann die intermediale Kunsttherapie.

Es gibt berühmte Künstler, für die Träume nicht nur eine Quelle der Inspiration, sondern ein echtes, eigenes Thema waren und sind. Denken Sie etwa an Gregor Samsa in Franz Kafkas *Verwandlung* oder an die Surrealisten wie Salvador Dalí oder René Magritte. Die Psychotherapeutin Ortrud Grön, die Träume explizit als »Wegweiser zu unserer verborgenen schöpferischen Kraft« beschreibt, glaubt, dass diese Kraft im normalen Leben von vielen fast gefürchtet wird: »Die Menschen wären von dieser kreativen Leistung überfordert. Jedenfalls solange sie wach sind. Aber im Schlaf gelingt es ihnen jede

Träume wagen

Nacht, ihr Innenleben in grandiosen Episoden zu spiegeln. Träume zeugen von einer ungeheuren schöpferischen Kraft, die in uns wirksam ist. Und wir können lernen, daran in unserem täglichen Leben teilzuhaben.«[115]

Manchmal drücken Träume ja Wünsche aus. Wenn Sie diese Wünsche schon lange hegen und sie sehr groß und prägend sind, werden sie ja ebenfalls »Träume« genannt. Gibt es für Sie solche Wünsche, die – vielleicht sogar aus der Kinderzeit – übrig geblieben sind und die immer noch geduldig und listig darauf warten, dass Sie sich endlich an sie erinnern? Bei mir, ich habe es schon erzählt, gab es da etwa den langgehegten Wunsch, ein Buch zu schreiben – ein Traum, den ich endlich in die Tat umsetzen wollte. Ich hatte kurz nach dem Tiefpunkt meiner Krise auch den unbedingten Wunsch, etwas aus diesen scheinbar so tragischen und negativen Erfahrungen zu machen, sie zu wandeln. Ich wollte etwas tun, was mir sinnvoll erschien, also hatte ich die Idee, das, was ich erlebt hatte, als Hörfunkprojekt umzusetzen und auch andere Menschen, die beteiligt waren, zu Wort kommen zu lassen. Das war einer der roten Fäden, die ich greifen und an denen ich mich festhalten konnte, die mir im Alltag Richtung gegeben haben.

Im Nachhinein betrachtet hatte ich Glück, denn dieser Wunsch ließ sich relativ rasch realisieren und ich habe für ihn auch schnell Unterstützung bekommen. Auf der anderen Seite war der Wunsch alt, das heißt, ich kannte ihn schon lange und hatte ihn mir nicht zugetraut. Und es gab natürlich auch Momente, in denen ich fand, dass angesichts der vermeintlichen Größe meines Unglücks alles sinnlos war, und deshalb schwer an meine Wünsche und Träume herankam. Das spiralförmig nach unten in die Niedergeschlagenheit führende Argument, alles sei sinnlos, überdeckte diese Momente und brachte sie zum Schweigen.

Und auch Wünsche lassen sich nicht zwingen, sie lassen sich nicht aus sich herausprügeln. Sie kommen, wenn ein Mensch für sie bereit ist und ihnen zuhören möchte. Wenn er Geduld für sich aufbringt und wieder Verbindung zu sich selbst aufnimmt. Die Schreibübungen von Katze Paula können erste Annäherungen sein. Was ist Ihnen etwa eingefallen, als Sie die Grabrede für sich selbst geschrieben haben? Was sagte da der Freund noch gleich über Sie – war da nicht etwas, was Sie vorhatten, aber nicht zu Ende bringen konnten? *Jetzt* ist der Zeitpunkt dafür, sich dieses Vorhaben zuzugestehen.

Vorhaben, Wünsche, Träume und Ähnliches möglichst schnell in die Wirklichkeit zu bringen ist immer gut. Aber möglicherweise gibt kaum einen besseren Zeitpunkt dafür als nach dem Tiefpunkt der Krise. Die ist nämlich meist mit einer Zwangspause verbunden – häufig weniger selbst verordnet als von außen angestoßen. Es ist eine Zeit, ganz genau zu schauen, aus welchen Gründen Sie da gelandet sind, wo sie sich nun eben gerade befinden, und welche Problembewältigungsstrategie möglicherweise nicht mehr angebracht ist, weil sie zu einem Zusammenbruch geführt hat. Wünsche, Sehnsüchte und Bedürfnisse, die Sie möglicherweise über sehr lange Zeit nicht beachtet haben (vielleicht nicht beachten konnten), sollten eine große Rolle bei der Analyse spielen, an der Sie so oder so nicht vorbeikommen werden. Noch einmal: Die Tatsache, dass Menschen, die auf Stresssituationen mit Psychosen reagieren, zu besonders schrägen Fantasiegebilden in der Lage sind, darf auf gar keinen Fall dazu führen, diese und alles, was sonst mit Vorstellungskraft zusammenhängt, abzuwerten oder aus dem Leben zu verdammen. Klar, bei mir gibt es eine Neigung, unerträgliche Problemlagen auf psychotische Art zu lösen. Doch der Ausweg liegt eher darin, *mithilfe* der Vorstellungskraft realistische kleinere und größere Schritte zu gehen, auf dem Weg zur Erfüllung von Bedürfnissen und Wünschen, und darin, die Realität freundlicher auszugestalten. Sich zu verdammen und damit geradewegs in die nächste Krise zu schlittern, ist jedenfalls keine gute Strategie. Wer dem Leben seine Farben nimmt, wer demjenigen, der eine psychische Ausnahmesituation erfahren hat, alleine ein oberflächliches Funktionieren zuweist, stürzt ihn in die Hoffnungslosigkeit und bringt ihn um seinen Antrieb. Das ist übrigens auch das Problem der Nebenwirkungen von Psychopharmaka. Zu stark dosiert und eher als lebenslanges Verdikt denn als vorübergehender Stabilisator eingesetzt, sind sie ein zweischneidiges Schwert.

Es gibt jede Menge Vorschläge, Methoden und Übungen, wie Sie sich Ihren Wünschen und Sehnsüchten wieder annähern können. Es ist gleich, welche Sie sich aussuchen, ob Sie das alleine machen

Träume wagen

möchten oder ob Sie sich hierfür von einem Therapeuten oder Coach unterstützen lassen. Hauptsache, Sie können sich dafür überhaupt öffnen. Häufig ist es gut, sich daran zu erinnern, mit welchen Träumen und Wünschen Sie ins Leben gestartet sind. Möglicherweise lässt sich das eine oder andere nicht mehr erfüllen (ein Kinderwunsch oder Ähnliches), aber in anderen Bereichen gibt es sicher hier und da das Potenzial, einen Neustart zu wagen und lange gehegte, kleine oder größere Wünsche zuzulassen.

Träume und Sehnsüchte gehören, wie anfangs schon gesagt, zu Ihrem persönlichen Schatzkästchen. Sie zeigen Ihnen einen Weg auf und spenden auch dann Licht, wenn es arg dunkel um Sie herum ist. Sie vermitteln Ihnen, wo Ihre Kräfte verborgen sind und wo sich noch etwas regt. Im ersten Kapitel ging es eher um allererste Hilfe, aber inzwischen sind Sie innerlich bestimmt ein ganzes Stück weiter. Sie können darauf aufbauen, weiter suchen und: finden! Wer erst einmal in Übung gekommen ist, der kann immer mehr und differenziertere Wünsche in sich ausmachen. Damit meine ich jetzt nicht unbedingt Materielles oder Statussymbole (auch wenn ich das nicht abwerten möchte, in dieser Hinsicht muss jeder sein eigenes Maß finden), sondern Wünsche im Sinne von dem Eigentlichen, das Sie ausmacht. Wenn Sie richtig gelegen und sich ein solches Begehren dann erfüllt haben, wird Sie das mit einer großen Freude und Befriedigung erfüllen und Ihnen eine große innere Ruhe bringen. Das Kratzen nach tiefliegenden Bedürfnissen ist wie das Schürfen nach Gold. Und Sie werden auf alle Fälle belohnt, auch wenn Sie etwas anderes Wertvolles finden als das, wonach Sie ursprünglich gesucht haben.

Kommen wir nun zu den Vorstellungen, Imaginationen, Tagträumen. Viele gebrauchen die Begriffe Vorstellung und Imagination synonym, wobei für mich persönlich die Vorstellungen etwas Allgemeineres sind, etwas, das einen manchmal auch behindern kann, etwa, wenn Sie sich ein gewisses Bild von einem anderen Menschen machen und er dem überhaupt nicht entspricht, egal, ob positiv oder negativ. Imaginationen sind in meiner Definition etwas, das Sie bewusst vor dem inneren Auge erschaffen, das meistens einen erwünschten, angenehmen Charakter hat und das aus ihrem Innersten stammt, zumindest idealtypisch gedacht.

Worin liegt aber der Unterschied zwischen Imaginationen und Tagträumen? Sie sind beide bewusst. Doch während die Imagination zumeist als ausdrückliche Übung daherkommt, zielgerichtet erschaffen, werden Tagträume zwar im Wachzustand inszeniert, aber kaum aus Übungsgründen. Sie kommen einfach daher. Wir »wandern ›nach innen‹, bleiben aber doch in Verbindung mit der realen Umwelt, gewissermaßen in Rufweite ... Das ›Träumen mit offenen Augen‹ nimmt einen überraschend großen Teil unserer Wach-Zeit in Anspruch.«[116] Es hat sogar eine eigene Körpersprache: »Der Blick wird sozusagen romantisch, er fixiert sich auf einen Punkt weit jenseits des Horizonts, oder er ist ganz nach innen gerichtet. Körper und Gesichtszüge sind entspannt, manchmal umspielt ein versonnenes Lächeln den Mund, der ganze Mensch wirkt entrückt, wir spüren, dass er in eine andere Sphäre gedriftet ist.«[117] Tagträume, in der Einschätzung des Psychologen Heiko Ernst bislang von der Forschung kaum beachtet und von Freud als neurotische Ersatzbefriedigung diffamiert, haben verschiedene Funktionen, etwa als persönlicher Rückzugsort: »Aus vielen Gründen also sollten wir lernen, die Botschaften unserer Fantasie und Tagträume klarer zu deuten und besser zu nutzen. Denn sie sagen uns, wer wir sind. Tagträume sind der ›heiße Kern‹ unseres Innenlebens.«[118]

TAGTRÄUME UND IMAGINATIONEN

Eine einheitliche Definition ist auch für den Tagtraum schwierig. Heiko Ernst folgt dem Tagtraumforscher Eric Klinger und beschreibt ihn als eine geistige Aktivität, einen Denk-Akt, der sich nicht auf eine aktuelle äußere Aktivität bezieht und vor allem ein »unbeabsichtigter, nicht zweckgebundener, spielerischer und unangestrengter geistiger Prozess ist: etwas Spontanes und Ungerichtetes.«[119] Den Unterschied zwischen dem Traum und dem Tagtraum beschreibt Ernst so: »Allerdings werden die Tagträume als willentliche Produktionen angesehen, für die wir uns – anders als für die Nachtträume – verantwortlich fühlen.«[120] Verena Kast sieht das ähnlich: Für sie besteht der Unterschied darin, »dass man weiß, dass man träumt, und dass man Einfluss nehmen kann auf die Vorstellungen. Gerade aber dadurch, dass man Einfluss nehmen kann, wird das Schicksalhafte, das Träume an sich haben können, weniger erlebt«.[121] Mit einem leicht anderen Vorstellungsbegriff als dem oben beschriebenen definiert sie die Imagination als »eine normale menschliche Fähigkeit, die allerdings geübt und dadurch auch differenziert werden kann. Imaginationen sind Vorstellungen von nicht mehr oder noch nicht Präsentem.«[122] Unsere Vorstellungskraft, unsere Fähigkeit zur Imagination vermittelt Eigenwirksamkeit, so Kast. »Die Imagination des Menschen ist eine bedeutende Ressource. Deshalb werden Imaginationen in unterschiedlicher Weise von fast allen therapeutischen Richtungen angewendet.«[123]

Hier fällt mir natürlich sofort der von Gunther Schmidt in den achtziger Jahren entwickelte hypnosystemische Therapie- und Beratungsansatz ein. Kast nennt in diesem Zusammenhang die viel früher von Carl Gustav Jung 1913 entwickelte Technik der Aktiven Imagination, bei der ihr vor allem eines wichtig ist: »Aktiv nennt Jung die Imagination deshalb, weil das Ich nicht einfach sich passiv von den Fantasien wegtragen lassen, sondern in der Imagination seinen Standpunkt vertreten soll.«[124] Schmidt, Schüler des Hypnotherapeuten und Psychiaters Milton Erickson, verbindet die Hypnotherapie mit systemischen Theorien und Methoden. Dabei wird bei »den üblichen Imaginationsmethoden ..., nachdem eine Fokussierung nach innen (oft mit geschlossenen Augen) vorgeschlagen wurde, dazu eingeladen, sich die gewünschten Erlebnisse so konkret und plastisch als möglich vorzustellen.«[125]

Wieso sind bewusste Imaginationen so wertvoll, heilend und transformierend? Und kann das überhaupt jeder, imaginieren? Jeder kann es, jeder tut es, und zwar ständig.[126] Unbewusst stellt sich ja jeder permanent etwas vor, und sei es nur, dass er gleich aufstehen und sich einen Kaffee kochen wird – er weiß, was er tun muss, um sich in die Küche zu bewegen, er hat in seinem Inneren das Bild des Ortes abgespeichert, wo die Kaffeemaschine steht. Das ist die banale Seite. In einem weiter gefassten Sinn ist die Imagination aber eine hervorragende Gestaltungsmöglichkeit, das eigene Leben in die Hand zu nehmen, statt den Vorstellungen anderer einfach zu folgen – seien es nun Vorfahren, Freunde oder Partner. »Nichts, was auf dieser Welt von Menschen geschaffen wurde, wurde ohne vorherige Imagination, ohne Idee, ohne Vision umgesetzt. Warum sollten wir uns damit begnügen, die Imaginationen oder Visionen von anderen Menschen zu leben, wenn wir doch selbst in der Fantasie ein Kraftwerk erzeugen können, das uns zu einem glücklichen Leben verhilft?«[127], fragt Luisa Francia mit Verve in ihrem Buch *Blühende Fantasie*. Der Hirnforscher Gerhard Hüter hält es sowohl individuell als auch kollektiv für geboten, sich mit den »inneren Bildern« zu befassen, die als »unbewusste Vorstellungen in unseren Köpfen herumschwirren«: »Es ist deshalb Zeit zu begreifen, was diese inneren Bilder sind, wie sie entstehen und woher sie kommen. Nur wenn wir uns der Herkunft und der Macht der Bilder bewusst werden, können wir auch darüber nachdenken, wie wir es anstellen, dass künftig *wir* die Bilder und nicht die Bilder uns bestimmen.«[128] Weil wir heute wissen, dass Wirklichkeit ein Konstrukt ist, genauso wie Zeit, können wir nach Ansicht von Luisa Francia durch Imaginationen unser Gehirn mit neuen Bildern und Sinnesempfindungen ausstatten. »Dann kann auch jede Phase des Lebens neu gestaltet, neu gewertet werden, dann kann die Kindheit mit glücklichen Impulsen und neuen Bildern immer wieder jetzt, im Augenblick, erlebt werden. Es ist eben nie zu spät für eine glückliche Kindheit.«[129]

Das klingt verlockend, geht mir persönlich aber ein Stück zu weit. Es hört sich danach an, als würde Schmerzhaftes übertüncht. Gunther Schmidt rät eher zu einem Nebeneinanderlegen, einem Integrieren von Bildern. Was da ist, soll nicht komplett überschrieben, sondern höchstens – wie wilde Pferde – gezähmt und langsam leicht verändert werden.[130] Ich kann ihm mit meiner psychotischen Erfahrung darin folgen. Aus vielen verschiedenen Gründen wollte ich – Psychiater nennen das mangelnde Krankheitseinsicht – meine Neigung zum Wegdriften in eigene Welten nicht als solche anerkennen. Falls es so etwas geben sollte wie Heilung, liegt diese nicht im Ignorieren des Symptoms, im verzweifelten Los-Werden-Wollen, sondern in dessen besonders liebevoller Beachtung. Aber natürlich müssen Sie Ihren Blick auch nicht ständig und dauerhaft auf die Wunde richten.

Imaginationen, die integrieren, können einen solchen Genesungsprozess begleiten. Schmidt gibt als Beispiel eine Frau an, die an Migräne litt und sich eine Schraubzwinge an ihrem Kopf vorstellte, die von einer großen Hand zugedreht wurde, für ihn eine Selbsthypnose der »ungünstigen Art«. Statt dieses Bild jedoch völlig zu verwerfen, riet Schmidt der Klientin, die Schraubzwinge imaginativ einfach aufzuschrauben, also den Druck vom Kopf zu nehmen – aber erst, nachdem das Problem, das hinter dieser Vorstellung von einer Schraubzwinge stand, angegangen worden war. Für diese Frau war es wichtig, nicht mehr mit Terminen und Ansprüchen in die Enge getrieben zu werden. Dieses Bedürfnis musste erst einmal wahrgenommen werden und Beachtung finden. Dann aber erlebte die Frau durch das Bild von der Hand, die die Zwinge aufschraubte, eine sofortige Linderung ihrer Migräne.[131] Das alte, schwierige Bild wurde also nicht bekämpft, sondern genutzt und umgepolt. Schmidt nennt das »Utilisieren« und bezieht sich mit diesem Begriff auf Milton Erickson.[132]

Aber ganz praktisch gefragt: Wie mache ich das, dieses »Imaginieren«? Wie bekomme ich Übung darin, wenn mir so etwas schwerfällt? Zum einen gibt es da die von Therapeuten oder anderen fachkundigen Menschen geführten Imaginationen. Wer sich der Sache lieber selbst annähern möchte oder sich auf eine angeleitete Imagination vorbereiten will, der kann sich an drei von Luisa Francas Übungen ausprobieren: Die eine ist, einfach genau die Umgebung wahrzunehmen, die Augen zu schließen und zu versuchen, sich das Gesehene möglichst genau vorzustellen, in allen Einzelheiten wieder aufzurufen. Zum anderen ist es möglich, einen Weg zu imaginieren, etwa kurz vor dem Einschlafen, den Weg zur Arbeit oder zum Bäcker oder wohin auch immer. In der dritten geht es die Selbstwahrnehmung: Schließen Sie die Augen und imaginieren Sie, Sie würden in einen Spiegel schauen. Wie sehen Sie aus?[133]

> *Du hast eine Aufgabe zu erfüllen. Du magst tun, was du willst, magst hunderte von Plänen verwirklichen, magst ohne Unterbrechung tätig sein – wenn du aber diese eine Aufgabe nicht erfüllst, wird alle deine Zeit vergeudet sein. (Rumi)*

Ein wichtiger Begriff fehlt noch: der Begriff der »Vision«. Das Wort leitet sich von dem lateinischen »Visio« ab, das »Erscheinung« oder »Anblick« bedeutet. So werden damit etwa die »Visionen« berühmter religiöser »Seher« bezeichnet. Ein Beispiel dafür ist die im Hochmittelalter wirkende Äbtissin, Mystikerin und Universalgelehrte Hildegard von Bingen, die immer wieder »Visionen« hatte, die für sie göttliche Eingebungen waren. Hildegard empfing etwa die Vision eines Klosters für Frauen, und setzte sie gegen ihre geistlichen Vorgesetzten, gegen ihren damaligen Abt, um: »Der Magistra wurde durch den Heiligen Geist eine Stätte gezeigt, wo die Nahe in den Rhein mündet, ein Hügel nämlich, der von alters her dem heiligen Bekenner Rupert namentlich zugewiesen ist.«[134] Und genau an dieser Stelle errichtete Hildegard dann tatsächlich ein Frauenkloster.

Martin Luther Kings Traum wird ebenfalls als Vision bezeichnet, im Sinn einer Utopie: »I have a dream that one day this Nation will rise up, live out the true meaning of its creed: ›We hold these truths to be self-evident, that all men are created equal.‹ I have a dream that one day on the red hills of Georgia sons of former slaves and the sons of former slave-owners will be able to sit down together at the table of brotherhood. I have a dream that one day even the state of Mississippi, a state sweltering with the heat of injustice, sweltering with the heat of oppression, will be transformed into an oasis of freedom and justice.«[135]

In jüngster Zeit steht die Vision auch oft für Zukunftsbilder von Ausnahmepersönlichkeiten wie Elon Musk, der etwa der Menschheit den Zugang zum Mars erschließen will.

Gemeinsam ist diesen Menschen, das klare Bild, das sie vor ihrem inneren Auge haben und das anzustreben und in der Zukunft zu verwirklichen ist. Die Bilder haben jeweils einen unterschiedlichen Ursprung – jedenfalls wird dieser Ursprung unterschiedlich definiert: Für die einen kommt ihre Vision von Gott, die anderen sehen das eigene Innere als Ursprung, je nach persönlicher Einstellung.

Die Autorin Gerti Samel definiert die Vision in Abgrenzung zum Traum so: »Eine Vision ist keine Träumerei, Menschen mit Visionen sind in den seltensten Fällen Träumer. Im Gegenteil: Sie haben ja ein konkretes Bild im Kopf, das sie in die Zukunft führt. Eine Vision ist nachhaltiger und genauer als der Traum.«[136] Hier würde ich gerne einwenden, dass Träume einem aber den Weg zu dieser Vision weisen können. Und dass der liebevolle Umgang mit Träumen einem die bildliche Vorstellungskraft erleichtert und eine gute Übung ist für den Dialog mit sich selbst. Denn irgendwann, gerade in und nach Krisen, stellt sich jeder Mensch die Frage nach seiner Einzigartigkeit in dieser Welt und seiner ganz besonderen Bestimmung. Und nach einer Vision, in der ein Mensch über sich hinauswächst, idealerweise ein Bild, das zwei Fragen zugleich beantwortet: die nach innerer Erfüllung *und* nach einer Aufgabe für die Allgemeinheit. Es kann entscheidend sein, ob hier Umrisse und Annäherungen gefunden werden können, denn »genau genommen handelt es sich um die bildliche Darstellung eines sehr hohen, wenn nicht gar des höchsten Lebenszieles eines Menschen«, so Gerti Samel.[137] Eine solche Vision motiviert und gibt Kraft, wenn kurzfristige Ziele und auch Wünsche nicht mehr sinnvoll genug erscheinen.

Srikumar Rao, der kluge US-amerikanische Berater indischer Herkunft, erzählt gerne die Geschichte von drei Männern, die dieselbe Arbeit hatten, nämlich Steine zu Quadern zu hauen. Der eine tat das nach eigener Auskunft, um wirtschaftlich zu überleben, der andere gab an, dabei zu helfen, dass eine Mauer gebaut wird, der dritte hingegen sagte, er unterstütze ein großes Projekt, bei dem eine Kathedrale zu bauen sei, in der Menschen Hoffnung finden und zu Gott beten würden. Nur der dritte traf den Architekten, dem er beichtete, dass ihm seine Aufgabe nicht wirklich Freude bereite. Er wolle aber lernen und bat den Architekten, ihn zu lehren, wie eine Kathedrale zu errichten sei. Zwanzig Jahre später war der erste Mann tot, der zweite lebte ein kärgliches Leben und der dritte war dabei, seine erste Kathedrale zu bauen.[138]

Leider – oder vielleicht auch Gott sei Dank – ist es mit den Visionen genauso wie mit ihren kleineren Schwestern, den Träumen und Wünschen: Sie lassen sich nicht herbeizwingen. Wir können sie höchstens anlocken, indem wir uns bereit zeigen, sie anzustreben und uns nach ihnen zu richten.

»Visionquests«, also die aktive Suche nach Visionen, wie sie die nordamerikanischen Ureinwohner praktiziert haben[139], die sich bestimmten Ritualen unterwarfen und dann in die Natur gingen, um dort Visionen zu finden, sind wahrscheinlich für die meisten Menschen heutzutage nicht mehr das passende Mittel. Zeitgemäßer könnte sein, die Bilder durch gezielten Dialog mit sich selbst zu provozieren, damit sie sich schließlich zu einer einzigen prägnanten Vision zusammenfügen.

Als Anregung führe ich hier die Fragen auf, die mir persönlich den Weg zu meiner Vision geebnet haben.

1. Welche Erfahrungen möchten Sie in Ihrem Leben machen?
2. Welche Entwicklung möchten Sie erfahren?
   Welche brauchen Sie?
3. Welche Art von Beitrag möchten Sie leisten für die Welt?[140]

Damit Sie noch besser und vor allem bildlich an die Sache herankommen, können Sie sich die im Kapitel über den Eigensinn schon vorgestellte Aufgabe erneut vornehmen: Stellen Sie sich also vor, Sie stünden auf dem Gipfel eines Berges und Millionen Menschen im Tal sehen Sie an und warten darauf, dass Sie ihnen ein Zeichen geben. Was wäre Ihre Botschaft? Sie können ein Wort, einen Satz oder ein Bild präsentieren. Für welches Wort oder Bild entscheiden Sie sich?

Nächste Übung: Stellen Sie sich vor, es gibt eine Zeitmaschine, die Sie überallhin transportieren kann – Sie können in jede beliebige Zeit reisen und dort treffen, wen Sie wollen. Wo wäre das? Wann und mit wem?

Schließlich: Sie sind 120 Jahre alt und haben ein langes, zufriedenstellendes Leben hinter sich. Menschen kommen, um Ihnen zu gratulieren und zu danken. Wofür danken sie Ihnen?

Unterstützend kann auch sein, einfach nach dem roten Faden in ihrem Leben zu suchen. Vielleicht erscheint Ihnen ja bald die Vision, durch die klar wird, wieso die Dinge in der Vergangenheit so passiert sind, wie sie das eben sind. Legen Sie ein Tagebuch an und fragen Sie sich[141] regelmäßig:

- Was hat mich innerlich berührt?
- Was ist mir aufgefallen?
- Was hat mich zum Nachdenken angeregt?

Sie können sich diese Fragen rückwirkend stellen oder auch für den jeweils heutigen Tag. Am besten Sie tun beides: Sie werden sehen, da finden sich Gemeinsamkeiten. Tätigkeiten, Erlebnisse, Ereignisse, die sie immer schon besonders berührt haben und zum Glück immer noch tun.

Und irgendwann stellt sie sich ein, Ihre Vision. Mit einem Schlag ist Ihnen klar, was Sie hier auf der Welt zu suchen (und zu finden) haben. Oder vielleicht zeichnen sich langsam Konturen ab. Damit haben Sie einen der stärksten Schlüssel in der Hand, Ihre Krise erfolgreich zu meistern. Immer wenn Sie zweifeln oder der Weg gerade schwer ist, reicht der Gedanke an diese nie verlöschende Flamme. Und nachdem Sie sich jetzt schon einige Fragen beantwortet haben, kommt noch Paula mit ihrer Übung.

Paulas Schreibübung

Ihre Bestimmung. Was könnte das sein? In welchen Bereichen bekommen Sie besonderes Lob von anderen und haben auch selbst das Gefühl, herausragend zu sein? Fassen Sie das in einen Satz.

Beispiel: Ich bin der/die/das ... der/die/das ... tut.
Also etwa: Ich bin der Helfer, der andere tröstet.

Schreiben Sie zwanzig Sätze auf. Fassen Sie dann Sätze, die sich ähneln, zusammen, bis zum Schluss der Satz übrig bleibt, der sie am meisten ausmacht.

Diesmal ist Paulas Schreibübung nicht ganz der Schluss des Kapitels. Denn Träume, Wünsche und Sehnsüchte, Tagträume, Imaginationen und Visionen sollen verschiedenen Zwecken dienen, vor allem dem einem: dass Sie wieder zu sich selbst finden. Und wenn Sie erst einmal erkannt haben, dass Sie sich auf dieses Selbst gut stützen können, gilt es mit seiner Hilfe, langsam einen Weg zu entdecken und zu beschreiten. Wie läuft das konkret ab?

Zunächst: Beschäftigen Sie sich mit diesen Inhalten in Ihrem persönlichen Schatzkästchen. Sammeln Sie Ihre täglichen und nächtlichen Bilder, fühlen Sie, welcher Wunsch Ihnen auf der Seele brennt, sehen Sie die Konturen dessen, was sich als Vision abzeichnet. Das läuft nicht systematisch, sondern eher chaotisch ab und hat viel mit ihrer inneren Bereitschaft zu tun. Nehmen Sie die Sache zwar ernst, gehen Sie aber wohlwollend und spielerisch an sie heran. Schließlich: Sorgen Sie dafür, dass Träume Wirklichkeit und Wünsche erfüllt werden, und prüfen Sie anhand von Visionen konkret, ob jeder Schritt in Ihrem Leben mit dieser Vision vereinbar ist oder nicht. Das nächste Kapitel handelt davon. Nicht alles lässt sich jederzeit, sofort und immer in die Tat umsetzen, und das ist vielleicht auch gar nicht notwendig. Aber Menschen, die nur im Reich der Fantasie verweilen, werden langfristig nicht zufrieden und fangen im Hier und Jetzt mit ihrem reichhaltigen Potential eben nichts an. Vielleicht wird aus einer schönen Vorstellung oder dem Ansatz zu einer Vision dann eine Illusion – die »mutlose Schwester der Vision«.[142] Und das wäre doch wirklich schade!

Kapitel 6

AND ACTION ...
(ETWAS TUN ...)

Ora et labora.
   Motto in der Tradition des Benediktinerordens

Geschrieben steht: »Im Anfang war das Wort!«
Hier stock ich schon. Wer hilft mir weiter fort?
Bedenke wohl die erste Zeile,
Dass Deine Feder sich nicht übereile!
Mir hilft der Geist! Auf einmal sehe ich Rat
Und schreibe getrost: Im Anfang war die Tat!
   Goethe, Faust I

Einen Vorsprung im Leben hat, wer da anpackt,
wo die anderen erst einmal reden.
   John F. Kennedy

Es gibt nichts Gutes, außer: Man tut es.
   Erich Kästner

Just do it!
   Slogan von Nike

VOR ETWAS MEHR als zehn Jahren ist mir ein Buch des US-amerikanischen Psychologen Neal Roese in die Hände gefallen, das in der deutschen Ausgabe: *Ach, hätt' ich doch!* heißt. Es handelt von den sogenannten kontrafaktischen Gedanken, also von den »Ach, hätt' ich doch!«- und »Was wäre, wenn ...«-Gedanken. Roese hat die hinter diesen Gedanken liegende Kraft entdeckt, systemisch betrachtet würde es heißen als Ressource ausgemacht. Es war eines der Bücher, die mich langsam von einem leicht depressiven Menschen, einem Menschen ohne jedes größere Ziel und ohne besonderen Lebensentwurf, in jemand anderen verwandelt haben. Mir dämmerte damals, dass ich in Gefahr war, mein Leben zu verplempern – natürlich nicht absichtlich, sondern einfach, weil ich mir zu wenig Gedanken gemacht, mir zu wenig Träume zugestanden hatte und weil mich zu viele Ängste vom Tun abgehalten haben. Das ist eine innere Situation, die viele kennen. Und wer die »Grabrede«-Übung schon geschafft hat, wird sowieso eine Ahnung haben, was ich meine: Es ist gut, sich frühzeitig daran zu erinnern, dass dieses Leben endlich – und zu seiner Ausgestaltung nur eine gewisse Zeit auf dieser Erde gegeben ist. Ich komme hier noch einmal auf den nachdrücklichen Appell von Steve Jobs zurück: »Your time is limited. So don't waste it.« Dazu gehört ganz bestimmt, Träume, Wünsche, Sehnsüchte, Visionen in die Tat umzusetzen, den schönen Bildern Leben einzuhauchen und etwas in dieser Welt zu erschaffen, was auch immer es sein mag.

Denn nichts ist so aufrüttelnd, wie sich vorzustellen, das Leben sei zu Ende und die Chancen wären vertan. Das Bedauern, die Reue, die einen dann beschleichen würden, sind schwer erträglich. Roese hält denn auch ein flammendes Plädoyer für die Tat: »Die oberste Devise lautet also ganz simpel: Handeln Sie! Sie haben die Wahl: Gas geben oder sich ausbremsen. Also geben Sie Gas! Zugegeben, das ist ein recht allgemeiner Ratschlag, keiner, der als Patentrezept auf alle Situationen anwendbar wäre. Umsicht und Vorsicht sind ebenfalls geboten, denn so manche Handlung ist schlichtweg dumm. Nichtsdestotrotz macht es Sinn, den Sprung nach vorn zu wagen und die Vorsicht hintanzustellen.«[143]

Unser psychisches Immunsystem – so seine Begründung –, also unsere Fähigkeit zur Rationalisierung, sei extrem erfolgreich, wenn es darum gehe, handlungsbezogene Gefühle des Bedauerns aus unserem Bewusstsein zu schwemmen und ihren spitzen Stachel auf dem langen Weg durch die Untiefen unseres Gehirns abzufeilen. Wenn jemand etwas getan habe, das sich im Nachhinein als ungut erwiesen habe, dann werde ihn das ein Jahrzehnt später wohl kaum mehr verfolgen. Er oder sie werde diese Fehlhandlung in einen Kontext setzen, sie mental erfassen, Erklärungen finden, sie abtun und vergessen. Dies sei allerdings anders bei unterlassenen Handlungen. Wenn jemand bedauere, etwas *nicht* getan zu haben, würden diese Gefühle von unserem psychischen Immunsystem weniger erfolgreich gemildert, sie würden vor sich hin gären und mit der Zeit stärker. Wenn Menschen auf ihr Leben zurückblicken, führt er aus, werden sie am meisten von Dingen geplagt, die unversucht geblieben sind – nicht ausgelebte Romanzen, vertane Karrierechancen, vernachlässigte Freundschaften.[144]

Interessant ist die von Roese so genannte »Hitliste des Bedauerns«, eine Reihe von insgesamt elf Studien, die Forscher in den Jahren zwischen 1989 und 2003 durchgeführt haben. Darin wurde Menschen für unterschiedliche Lebensbereiche die Frage gestellt: »Wenn Sie in der Zeit zurückreisen und Ihr Leben noch einmal leben könnten, was würden Sie ändern?« Dies ergab Bedauern und Zweifel vor allem in den Bereichen Bildung/Beruf (32 Prozent), Karriere/berufliche Entwicklung (22 Prozent), Partnerschaft (15 Prozent), Elternschaft (11 Prozent) und schließlich Selbstentwicklung (5,4 Prozent).[145] Natürlich sind diese Zahlen vergleichsweise alt, aber sie legen doch einen Finger auf die Wunde. Wie würden Sie diese Frage beantworten? Tut es Ihnen da schon um die eine oder andere verpasste Gelegenheit leid? Vielleicht lassen sich ja jetzt, nach der aktuellen Krise, mit neuer Kraft und frischen beziehungsweise entstaubten oder restaurierten Wünschen Chancen nutzen und Sehnsüchte lindern oder sogar stillen. Es schadet nichts, Ihre Vorstellungen wenn nötig ein wenig zu modifizieren, aber wenn Sie farbige Bilder nutzen oder sogar Ansätze zu einer Vision haben, gibt Ihnen das einen enormen Schub.

Die Kapitel Kreativität, Träume und Visionen und Taten sind in jeder Hinsicht miteinander verschränkt – die Themen gehören unbedingt zusammen. So kritisiert der Psychologe Heiko Ernst Imaginationsübungen, in denen sich jemand einfach nur eine möglichst rosige und vielleicht völlig unrealistische Zukunft vorstellen soll, ohne dass daraus etwas folgt. Ernst spricht hier – meiner Auffassung nach (aber auch) nicht sehr differenziert – von den »Propagandisten des positiven Denkens«.[146] Meine unbedingte Zustimmung – und bestimmt nicht nur meine – hat er, wenn er sagt: »Entscheidend ist,

And Action ... *(etwas tun ...)*

ob unsere Fantasien und Luftschlösser einen handlungsorientierten Anteil haben.«[147] Ernst bezieht sich auf Studien, in denen sich die positiven Fantasien als weniger hilfreich herausgestellt haben als positive Erwartungen.[148] Wie auch immer: Ohne eine Aktion bleibt ein Tagtraum höchstens eine, wenn auch in Übergangszeiten durchaus legitime kleine Flucht in die Innenwelt. Doch erst durch Handlungen wird etwas wirklich Zufriedenstellendes daraus.

Allerdings ist die Frage: Was mache ich, wenn, wie in meinem Fall, Psychosen (oder eine andere Krankheit, ein anderer schwerer Schicksalsschlag) gleich einem verheerendem Sturm durch das Leben wüten und das, was mühsam aufgebaut wurde, immer wieder zum Einsturz bringen? Liegt es da nicht nahe, Träume und Wünsche als unerfüllbar auszusondern? Das ist natürlich eine Gefahr, aber so bringen Sie sich um wertvolle Antriebs- und Sinnmöglichkeiten und verfallen allzu leicht in Depression und Motivationslosigkeit. Vor lauter Trauer, Wut und Schmerz über die Heftigkeit des Schlages, der Sie erwischt hat, können positive Bilder grell und tückisch erscheinen, nur dazu gedacht, Sie zu quälen. Dabei können diese Bilder zu Ihrer Rettung beitragen. Meiner Meinung nach gehören sie liebevoll wieder auf Hochglanz poliert, eventuell ein wenig verändert und angepasst, aber auf gar keinen Fall sollten sie als Sondermüll für die Ewigkeit vergraben werden.[149] Hier muss eine Aufbereitungsanlage her! Und dann sollte es losgehen.

Denn es sind ja nicht Ihre Träume und Wünsche, die dafür verantwortlich sind, dass sich etwas anderes, vorher noch nicht Bedachtes oder Vorhergesehenes, vielleicht auch ganz und gar Unerwünschtes, in Ihrem Leben breitgemacht hat. In meinem Fall wollte ich meine Anfälligkeit für Psychosen lange überhaupt nicht integrieren. Ich habe sie lieber ignoriert und starrsinnig meine perfektionistischen Vorstellungen von einem schönen, glatten Leben durchgedrückt, quasi gegen meine innere Weisheit. So kann das natürlich nichts werden. Um mir das mit Nachdruck zu zeigen, war die letzte Verwüstung da. Aber deshalb muss ich mir Träume und Visionen an sich ja nicht nehmen lassen. Und eben wieder von vorne aufbauen, in guter Balance so viel wie möglich. Dadurch gewinne ich Selbstbewusstsein, und das nimmt mit jedem Baustein zu, sogar mit denen, die schon benutzt wurden und deren Gebäude eingestürzt ist. Selbst wenn noch einmal eine Psychose auf mich zukäme, was ich für ziemlich unwahrscheinlich halte, wäre mir eine gewisse Unerschütterlichkeit nicht mehr zu nehmen. Denken Sie an den berühmten und klugen Narren Hans im Glück.

Zurück zur Tat: Wir wollen also Bilder lebendig werden lassen und drehen, sagen wir mal, erst einen Kurzfilm, beginnen mit Material aus den nächtlichen Träumen. Bringen wir also unseren Regisseur in Stellung und schauen, wie das Ganze ablaufen kann. Auch wenn Sie hier keine detaillierte Selbst-Coaching-Anleitung erhalten, wie sich Ihre Träume, Wünsche und Visionen Schritt für Schritt umsetzen lassen, und auch kein Story-Board, also eine zeichnerische Version eines Drehbuchs, dabei herauskommt, gibt Ihnen dieser Text auf jeden Fall eine grobe Orientierung. Träume in der Nacht weisen Sie auf vieles hin, was Sie vor sich selbst geheim halten: Ängste, Wünsche, Bedürfnisse. Was Sie damit machen, kommt auf den Inhalt des Traumes an und darauf, wie wichtig und dringlich das ist, was Ihnen der Traum vermittelt. In dem einen Traum von den Sauriern, die mein Leben bedrohten, war natürlich eine klare Regieanweisung enthalten: Ich sollte die Tabletten nehmen, um meine Reptilien-Anteile, die offenbar ein bedrohliches und gefährliches Ausmaß angenommen hatten, in Schach zu halten. Doch nicht jeder Traum ist so einfach zu verstehen – zumindest im Nachhinein ist dieser Traum ja sonnenklar, auch wenn ich seine Botschaft damals nicht hören wollte. Übung macht hier den Meister. Wer mag, kann dafür therapeutische Hilfe in Anspruch nehmen.

Was ist mit den alten Wünschen? Tja, hier kommt es ebenfalls darauf an, wie dringlich der Wunsch geworden ist und ob er Schritt für Schritt oder vielleicht sogar ganz schnell verwirklicht werden kann. Wenn Sie nach einer Krise nicht wie ich, fast völlig aus der Bahn geworfen wurden, sondern Ihnen zum Beispiel der Arbeitsplatz geblieben ist, Sie sich womöglich sogar Zeit nehmen können, bis es wieder losgeht, wenn Sie finanzielle Möglichkeiten haben und merken, es steht Ihrem schon seit Jahrzehnten gehegten Wunsch – etwa nach einer Weltreise – eigentlich nichts im Weg, dann buchen Sie doch einfach, planen Sie, fahren oder fliegen Sie los.

Meistens ist es komplizierter. Aber wenn Ihr Wunsch erst einmal neu entbrannt ist, findet sich ja auch die Geduld, ihn in kleineren Mosaikstückchen zur Realität zu fügen. Mein (tatsächlicher) Wunsch nach einer neuen Weltreise ist zum Beispiel immer noch nicht erfüllt, dafür habe ich viele kleine Reisen, Ausflüge und Kurztrips unternommen. Ich bin also einen Kompromiss eingegangen, damit ich meine persönliche Wirklichkeit zurzeit nicht überstrapaziere. Schließlich habe ich, gar nicht so lange nach meinem Tiefpunkt zur Jahreswende 2015/16, den Wunsch, ein Buch zu schreiben und zu veröffentlichen, bereits in die Tat umgesetzt – und dazu auch ein paar andere, kleinere Wünsche. Jeder gute Kompromiss, jeder noch so kleine erfüllte Wunsch nährt die anderen, noch nicht erfüllten Träume und gibt das gute Gefühl, wieder ein wenig mehr Kontrolle im Leben zurückgewonnen zu haben.

Vor allem im Coaching geht es ja häufig darum, Wünsche in Ziele zu übersetzen[150], die möglichst konkret sind und deren Erfüllung meistens auch genau terminiert ist. Ich glaube aber, dass es unmittelbar nach einer Krise, eher stresst und einen letztlich vom Weg abbringen kann, wenn Wünsche zu stark in Formen gegossen werden. Ich habe nach meiner Krise sehr dankbar das Bild vom »polynesischen Segeln« aufgegriffen, das wie erwähnt von Gunther Schmidt stammt. Das heißt, ich habe mich mithilfe eines ungenauen inneren Kompasses von Wünschen, Hoffnungen und Bedürfnissen vor allem immer dem Ziel existenzsichernder Inseln angenähert, die materielle Versorgung und einen Hauch von Sicherheit versprachen. Zwar war relativ schnell klar, dass keine dieser Inseln mein endgültiges Ziel sein konnte. Aber während meines Insel-Hoppings bin ich nach und nach immer mehr genesen, meine Wünsche, Hoffnungen und Sehnsüchte wurden wieder konkreter, die Umrisse meiner Vision immer klarer erkennbar. Immerhin hatte ich es als Kapitän meiner Seele (vgl. *Invictus*-Gedicht in Kapitel 2) geschafft, überhaupt wieder zu segeln und Häfen anzusteuern. Haben Sie Vertrauen darin, dass sich zeigen wird, was Sie genau anstreben wollen und sollen, wenn der richtige Zeitpunkt dafür gekommen ist. Und dass es einen solchen richtigen Zeitpunkt auch für die Erfüllung Ihrer Wünsche, Hoffnungen und Sehnsüchte gibt.

Meiner Auffassung nach ist es besser, Sie lassen Luft dafür, dass nicht alles ganz linear und nur nach einem festen Plan verläuft. Sie können Ihre persönlichen Handlungen bestimmen, aber so vieles andere eben nicht. Der eben schon zitierte Autor und Berater Srikumar Rao bringt es auf den Punkt: »Investieren Sie in den Prozess, nicht in das Ergebnis.«[151] Dabei lehnt Rao Ziele oder Wünsche und Visionen auf keinen Fall ab, es geht ihm nur darum, Glück und Unglück nicht vom Ausgang, also von der Erfüllung der Ziele abhängig zu machen. So lässt sich das Leben nämlich leicht verpassen. »Sie können grimmig an Ihrer Vision festhalten, wie die Dinge sein sollten, was üblicherweise verletzend sein kann und unangenehm ist. Oder Sie können Ihre Visionen in die Tat umsetzen und danach streben, während Sie alles annehmen und tun, was Ihnen in den Sinn kommt, auch wenn Sie immer wieder versuchen, in die allgemeine Richtung zu gehen, die Sie sich vorgenommen haben. Auf diese Art und Weise ist es einfach nur Spaß und anregend.«[152] Und doch haben Sie sehr wohl viel in der Hand, wenn Sie darüber nachgedacht haben, welches der wichtigste kleine Schritt im täglichen Handeln ist, der Sie ihrer Vision näherbringt – übrigens auch ein Tipp von Srikumar Rao.

Es gehört zu den schwierigsten Aufgaben in meinem Leben, mich zum einen positiv durch Ziele motivieren zu lassen, wie etwa dem, eine neue Art von zuverlässiger Altersversorgung für mich zu finden und aufzubauen, und zum anderen nicht in eine selbst gefertigte innere und äußere Mühle zu geraten, die mich davon abhält, auch die Provisorien wertzuschätzen, mit denen ich zur Zeit gerade ganz gut lebe. Zum absolut notwendigen Innehalten, Pause machen, genießen, dem achtsamem Leben kommen wir gleich – das Kapitel über das Tun ist dem über das Genießen deshalb vorgeschaltet, weil es nach einer Krise ja zunächst einmal darum geht, überhaupt Antrieb zu entwickeln und in eine neue Motivation hineinzugelangen. Motivation entwickelt sich und entzündet sich immer weiter am Handeln.

Sie sehen aber auch, dass die Kapitel ineinander verwoben sind und dass sie zeitlich und logisch zwar eine Reihenfolge haben, dass sich aber auch Rückbesinnungen und Wiederholungsrunden geradezu anbieten. Denn bei meinem abenteuerlichen Segeltörn nach der Krise bin ich zwischen Versuchen, meine Kreativität zu aktivie-

ren, meine Träume und Wünsche aufzupolieren und dem Handeln immer hin und her unterwegs gewesen. Kreativ sein, Schreiben, hat meine Träume und Wünsche befruchtet und viele Verletzungen geheilt, ebenso wie mir mein Handeln, auch wenn es nur grob ausgerichtet und von Notwendigkeiten bestimmt war, Halt und Grund gegeben hat, um wiederum mehr Kraft für neue Kreativität zu besitzen usw. Und zwischendurch musste ich natürlich auch immer mal verschnaufen – und wollte mich mit meinen richtigen und guten Freunden treffen und austauschen.

Einen kleinen Schritt im täglichen Handeln in Richtung Vision, dazu also rät Srikumar Rao. Sie können sich natürlich auch durchaus mehr vornehmen, doch gehen Sie das ruhig gelassen an. Es gibt zwar die Termin- und Erledigungsweltmeister, aber wenn etwa der US-amerikanische Millionär T. Harv Eker von sich erzählt, er kümmere sich an einem normalen Tag nicht um mehr als drei (festgelegte) Aufgaben, dann kann einen das ja doch entspannen. Und ich bin schon wieder beim Schreiben: Schreiben Sie Tagebuch (das hatte ich ja bereits im ersten Kapitel empfohlen und Ihnen auch die Morgenseiten von Julia Cameron ans Herz gelegt) und listen Sie morgens auf, was Sie am Tag erledigen wollen. Abends können Sie dann stolz Bilanz ziehen und sich an dem erfreuen, was Sie in den zurückliegenden Stunden erreicht haben. Das hat nicht nur den Vorteil, dass Sie zweimal am Tag in einen angenehmen Betrachtungsmodus kommen und Zeit für sich haben. (Besonders wichtig ist das wenn Sie Familie haben, womöglich mit kleinen Kindern, oder aufreibende Tätigkeiten bewältigen müssen.) Dieses Bilanzziehen ist auch sehr interessant für ein paar »Aussichtstage« im Jahr, die die meisten von uns neben dem Urlaub immer noch haben: gesetzliche Feiertage, Geburtstage, der Jahreswechsel. Diese Tage bieten sich an für eine Rückschau auf das, was in den vergangenen Monaten so alles passiert ist und sich entwickelt hat. Auch auf dieses Thema kommen wir im nächsten Kapitel noch einmal zurück.

Was aber tun, wenn der Alltag nach einer Krise trotz aller Anstrengungen doch einfach zu grau und schwer ist und einen zu überwältigen droht? Was ist, wenn wie in meinem Fall ein Vertrag mit einem Arbeitgeber nicht verlängert wurde, weil ich ja – polynesisch segelnd – mir zwar Mühe mit diesem neuen Job gegeben hatte, aber einfach noch nicht am rechten Platz angekommen war und das beide Seiten, sowohl mein Arbeitgeber als auch ich, letztlich zugeben mussten? Wie gerne kommen da die bösen Gedanken als Nager daher und wollen am ohnehin schon erschütterten Selbstbewusstsein knabbern und das geschundene Ego quälen? Wie nahe liegt es da, sich komplett den Zweifeln zu überlassen und alles als völlig sinnlos zu betrachten? Das kann leicht passieren, denn solche Hiobsbotschaften treffen Menschen, die sich gerade nach oben paddeln, härter als andere. Für solche Tage, Stunden, Momente habe ich zwei Strategien parat: Die eine hat viel mit dem Katzenprinzip zu tun und orientiert sich am Positiven – Ablenkung und Trost von Freunden, Konzentration auf das, was ich langfristig erreichen möchte, Fokussierung auf meine Stärken, Ausleben von Kreativität usw. Die andere, die auch manchmal zum Einsatz kommen muss, lautet »vorbeiziehen lassen«. Traurig sein, frustriert sein, verletzt sein. Sich deswegen nicht verurteilen, sondern daran denken, dass einfach wieder andere Tage kommen werden und zwar mit Sicherheit, das ist einfach Lebenserfahrung. Klar ist es wichtig, dass Sie da nach einer absehbaren Zeit wieder herauskommen und nicht in eine leichte oder schwerere Depression hineinschlittern. Das schwierige Ereignis oder die Erkrankung, die einen in die Krise gebracht hat oder die Krise darstellt, kann in solchen Situationen schließlich schon einiges Gewicht haben und versucht, jedes Einfalltor zu finden, das sich bietet, um einen wieder in die Tiefe zu zerren.

Und noch einmal kann ich hier mein beliebtes Thema Abwehr der Frühverrentung anbringen: Wie sehr hat es mir auf die Beine geholfen, zu arbeiten, also zu handeln und aktiv zu sein! Wie schwer hätte ich zu tragen gehabt, wenn die ganze Flut der Ereignisse ungebremst auf mich zugekommen wäre, ohne kleine Dämme der Ablenkung und des ja trotz allem vorhandenen Flows und der zumindest zeitweisen Freude an der Arbeit und an der Gemeinschaft mit Kollegen!

Natürlich ist nicht jedem dieser Ausweg gegeben. Doch auch falls Sie vielleicht nicht mehr oder nur eingeschränkt arbeiten können: Stellen Sie sich eine Aufgabe, die Sie bewältigen können! Wenn Sie keine andere Wahl oder vielleicht auch keine Lust haben, in der zwar

oft stressigen, aber für mich letztlich überwiegend interessanten Arbeitswelt Ihren Beitrag zu leisten, dann suchen Sie sich ein anderes Feld! Vielleicht ist Ihr besonderes Licht und Ihr Anker Ihre Ehe oder Ihre ehrenamtliche Tätigkeit in einem Verein. Investieren Sie Visionen und Taten in die Bereiche, die Ihnen besonders am Herzen liegen. Aber tun Sie etwas! Strukturieren Sie Ihren Tag, zum Beispiel über ein Tagebuch. Betrachten Sie Tag für Tag, Monat für Monat, Jahr für Jahr Ihre Fortschritte. Wer bittererweise kaum oder keine Zukunft mehr vor sich hat, für den bin ich nicht klug genug zu sprechen. Aber all die anderen, Krisengebeutelten, werden mir zustimmen. Die Ärztin und Psychoanalytikerin Luise Reddemann[153] zitiert für den Titel eines ihrer sehr erfolgreichen Bücher den chinesischen Philosophen Lao-Tse, Autor des klassischen Lehrbuches Dao De Jing (oder Tao Te King): »Auch der längste Marsch beginnt mit dem ersten Schritt« oder anders formuliert: »Eine Reise von tausend Meilen beginnt unter deinem Fuß.«

Paulas Schreibübung

Führen Sie probehalber für vier Wochen ein Tagebuch. Schreiben Sie Morgenseiten, füllen Sie also drei leere Seiten Papier mit allen Gedanken, die Ihnen gerade in den Sinn kommen. Listen Sie außerdem jeden Morgen eine Tätigkeit auf, die Sie vorhaben und die Sie, wenn auch nur einen winzigen Schritt, Ihrer Vision näherbringt. Schließlich noch zwei andere Tätigkeiten, die Sie an diesem Tag erledigen müssen und die Sie bei der Erreichung eines anderen Ziels unterstützen. Setzen Sie sich abends hin und haken ab oder schreiben, wie sie Ihre Aufgabe erledigt haben. Freuen Sie sich darüber und seien Sie stolz! Wenn Ihnen das liegt und Sie merklich weiterbringt, haben Sie sich eine schöne neue Angewohnheit zugelegt.

Kapitel 7

GENIESSEN

Und Gott vollendete am sechsten Tage sein Werk, das er verrichtet hatte, und ruhte am siebten Tage von all seinem Werke, das er vollbracht hatte. Und Gott segnete den siebten Tag und heiligte ihn. Denn an ihm hat er von all seinem Werke geruht, das Gott wirkend schuf.

Altes Testament, Genesis

Und er sprach zu ihnen: Der Sabbat ist um des Menschen willen gemacht, und nicht der Mensch um des Sabbat willen.

Neues Testament, Markus-Evangelium

Überhaupt nichts zu tun, ist von allen Beschäftigungen die schwierigste und zugleich diejenige, die am meisten Geist voraussetzt.

Oscar Wilde

EIGENTLICH müsste ich hier an jemand anderen abgeben, habe ich doch offiziell keine Depression[154] oder keinen Burnout erlitten, sondern Psychosen. Aber glauben Sie mir, ich bin zu bestimmten Zeiten schon ziemlich nahe dran gewesen und komme im Prinzip auch jetzt immer wieder mal ein wenig in Gefahr, wenn übertriebenes Selbstmitleid und zu hohe Ansprüche sowie zu viele Termine mich überwältigen wollen. Ich kann dieses Kapitel also letztlich doch übernehmen, und es liegt mir sehr am Herzen. Denn die Pause, die Ruhe, die Muße gehören zur Balance des Katzenprinzips unbedingt dazu, und dieses Kapitel ist, nebenbei gesagt, wieder ein besonders kätzisches – hier können Sie sich nach Herzenslust etwas von den eigensinnigen Miezen abgucken, sogar von den Wilden. Wir werden es wohl kaum schaffen, eine Work-Life-Balance hinzubekommen wie etwa die Löwen, die mindestens die Hälfte des Tages schlafen (Angaben variierten von zwölf bis zwanzig Stunden) –, aber das ist doch mal eine Größe, die ideale Orientierung verschafft.

Radikal gesagt ist alles nichts, wenn wir nicht ausruhen, uns freuen, genießen, feiern, uns Zeit zum Leben nehmen. Zwar sollte Ihnen Ihr Tun natürlich ebenfalls Freude bereiten, denn klar ist das Leben auch Arbeiten! Trotzdem laufen Sie leer, wenn einer der Punkte im Katzenprinzip vernachlässigt wird. Ohne Antrieb, ohne Freunde oder Partner, ohne Kreativität, ohne tatkräftiges Handeln, ohne Pause und Zeit, um zurückzuschauen und wie Gott nach der Erschaffung der Welt und ihrer Kreaturen zu »sehen, dass es gut ist«, ohne dem Eigensinn nachzuspüren, fehlt etwas im Mobile unseres Lebens, sind wir aus der Balance geraten. Dazu gehört im Zweifel auch, mal Ratgeber wie diesen zur Seite zu legen und sich nicht zu sehr selbst unter Druck zu setzen. Gehen Sie alles mit Zuversicht, aber entspannt an. Das Allerwichtigste, was ich mit diesem Buch erreichen möchte, ist, Sie ein wenig zu motivieren und Ihnen Hoffnung zu vermitteln. Wenn das der Fall ist, nehmen Sie sich jetzt gaaanz viel Zeit für das letzte offizielle Kapitel.

Gehen Sie in Kontakt mit Ihrem inneren Antreiber, sagen Sie ihm, dass er ein treuer, wichtiger Gefährte ist, der sich aber jetzt einmal zurücklehnen und an einen anderen Anteil abgeben soll: an den wunderbar trägen Faulpelz in Ihnen, an die Diva, die sich feiern lassen möchte, oder das vernaschte Kind, das mal eine Auszeit von Diät-Doktrinen braucht. Geben Sie diesen Seiten in Ihnen einmal in dosierter Form nach. Denken Sie sich etwas Schönes für sich aus. Und noch einmal: Nehmen Sie sich Zeit! Unbedingt. Letztlich ist es egal, ob Sie sofort sich wieder in die Arbeit stürzen, wie ich das gemacht habe, oder sich eine wie auch immer geartete Auszeit nehmen. Das entscheidet ihr Eigensinn. Nehmen Sie die Ihnen gemäße Variante.

Für Menschen wie mich, die gerne arbeiten und auch gleich wieder tätig sein wollen, ist es gar nicht so leicht, anzuhalten und Ruhe zuzulassen. Feiern erscheint da einfacher, wobei ich auch aufpassen muss, dass dann alles in einem Gleichgewicht bleibt. Hier spreche ich etwa davon, nicht in einen Suchtbereich hineinzukommen, egal ob es nun um zu viel Essen, zu viel Ablenkung[155] oder zu viel Alkohol geht. Ich glaube insgesamt, dass ich nicht wirklich gefährdet bin, nur im Einzelfall ein wenig. Doch ich möchte meine Ansprüche an mich selbst auch nicht zu sehr hochschrauben, in dem Sinne, dass ich häufig danach strebe, Mrs. Perfect zu sein. Nachsicht und Empathie mit sich selbst gehören ebenfalls in dieses Kapitel.[156] An Perfektionierung und Optimierung kommt in der heutigen Zeit natürlich keiner vorbei und sie können einen ja auch wirklich vorwärtsbringen – aber letztlich vor allem dann, wenn sie einen spiralartig nach oben bringen, wenn auf allen Feldern des Katzenprinzips gleichmäßig gesät und geerntet wird. Und Rückschläge sind eben auch Teil des Prozesses, obwohl dann das Bild von der Spirale nicht mehr ganz passt.

Zu Beginn des letzten Kapitels hatte ich Ihnen erzählt, wie sehr mich das Buch von Neal Roese wachgerüttelt hat. Es war die Zeit, in der ich anfing, mein Leben selbst in die Hand zu nehmen. Doch schon bald musste ich feststellen, dass das Handeln unbedingt mit dem Nicht-Tun verknüpft werden muss, dem bewussten Nicht-Tun. Viele kennen das Beispiel von der Pause in einem Musikstück. Ohne Pause keine Melodie! Ein Buch, das mich damals sehr beeindruckt hat, war *Die Entdeckung der Faulheit*[157] der Französin Corinne Maier, die sich an ihrem Arbeitsplatz unterfordert fühlte und gelangweilt hat und später dann Psychoanalytikerin wurde. Sie und auch der Zeitforscher Karlheinz Geißler haben mir so richtig klargemacht: Muße (und damit auch vieles, was mit Kreativität zu tun hat) stellt sich erst mit der Langeweile ein, die der Druck nach sich zieht, das Tempo, in dem heutige Arbeitswelten getaktet sind. Durch dieses Nadelöhr der Langeweile muss jeder hindurch – um Ruhe zu haben, zu sich selbst zu kommen, aufzutanken usw. Denn »das Problem an der Langeweile ist nicht die Ungeduld, die sie charakterisiert, sondern die Unfähigkeit, mit der Zeit und sich selbst etwas anzufangen. Deshalb versucht man sie zu vertreiben, sucht nach einem ›Zeitvertreib‹ ... Doch weder die Suche nach einem Zeitvertreib noch der Zeitvertreib selbst – hat man ihn schließlich gefunden – helfen gegen das Gefühl der Langeweile ... Kurzum, die Langeweile darf nicht vertrieben, sondern sie muss ausgehalten werden. Phasen, Situationen der Langeweile sind eine Sache des Durchhaltens und Durchlebens. ›Hinter‹ der Langeweile nämlich öffnen sich die Pforten der Muße, die bunten, zeitsatten Wiesen des Zeitenglücks.«[158]

Ohne Pause, ohne Ruhe, ohne Abstinenz von der gewohnten Tätigkeit, ohne Abstand von einer Aufgabenstellung oder einem Problem, das weiß auch die eben bereits erwähnte Kreativitätstheorie, kein Einfall, keine Idee, keine Inspiration. Zu den Kreativitätsforschern gehört übrigens auch Mihaly Csikszentmihalyi, den Sie möglicherweise als Begründer des »Flow«-Konzeptes kennen. Wenn es um die Förderung der persönlichen Kreativität geht, ist auch er der der Auffassung: »Pausenlose Geschäftigkeit ist kein gutes Rezept für die Kreativität. Man sollte eine gewisse Zeit am Tag, in der Woche, im Jahr einplanen, um eine Bestandsaufnahme von seinem Leben zu machen und zu analysieren, was man bislang erreicht hat und welche Aufgaben noch vor einem liegen ... Man sollte einfach dem Luxus frönen, das Nachdenken um seiner selbst willen zu genießen. Es werden auf jeden Fall, ob gewollt oder ungewollt, neue Ideen und Schlussfolgerungen auftauchen, und je weniger man versucht, den Prozess zu steuern, desto kreativer wird er sein.«[159] Weil hier gerade das Stichwort »Flow« gefallen ist, noch kurz der Hinweis: Hamsterrad und vertieftes, befriedigendes Tätig-Sein, das Aufgehen in einer Beschäftigung, also das Im-»Flow«-Sein, sind zwei ganz verschiedene Paar Schuhe. Auch wenn Sie bei Ihrer täglichen Arbeit natürlich im Fluss sein können – und Ihnen dies möglicherweise zunächst sogar einfacher erscheint als der »Flow« in der Zeit, die für Muße und Freizeitbeschäftigungen zur Verfügung stehen.[160]

In einer Leistungs-, Termin- und Zielegesellschaft wie der unsrigen hilft der Blick darauf, dass andere Zeiten Arbeit und Leistung ganz anders betrachtet haben. Denken Sie an das klassische Griechenland, wo ganz oben auf der Gesellschaftspyramide der Philosoph und Müßiggänger zu finden war, der sich eben nicht die Hände schmutzig machen musste und der sich der Kontemplation und der Wissenschaft widmen konnte. Der Kulturwissenschaftler Wolfgang Schneider[161] zitiert sowohl Sokrates, der den Müßiggang als Schwester der Freiheit bezeichnet hat, als auch Aristoteles, der behauptete, Arbeit und Tugend schlössen einander aus. Für Schneider ist die Wertschätzung des Müßigganges erst mit dem Konfessionsstifter Martin Luther erodiert. Der Direktor des Instituts für Kulturpolitik der Universität Hildesheim hat schon vor mehr als zehn Jahren die warnende Prophezeiung der Philosophin Hannah Arendt[162] unterstrichen, die in ihrem berühmt gewordenen Buch *Vita activa* schreibt: »Was uns bevorsteht ist die Aussicht auf eine Arbeitsgesellschaft, der die Arbeit ausgegangen ist, also die einzige Tätigkeit, auf die sie sich noch versteht. Was könnte verhängnisvoller sein?« Vor dem Hintergrund der Entwicklungen bei Künstlicher Intelligenz (KI) und der Diskussionen um ein bedingungsloses Grundeinkommen ist diese Entwicklung weit näher gerückt, als man es sich noch vor kurzer Zeit hätte vorstellen können.

In Schneiders *Enzyklopädie* ist auch der Lebenskünstler und Schriftsteller Oscar Wilde zu finden, der schon vor über hundert Jahren festgestellt hat: »Jede rein mechanische, jede eintönige und dumpfe Arbeit, jede Arbeit, die mit widerlichen Dingen zu tun hat und den Menschen in abstoßende Situationen zwingt, muss von der Maschine getan werden ... Jetzt verdrängt die Maschine den Menschen. Unter richtigen Zuständen wird sie ihm dienen. Es ist durchaus kein Zweifel, dass das die Zukunft der Maschine ist, und ebenso wie die Bäume wachsen, während der Landwirt schläft, so wird die Maschine, während die Menschheit sich der Freude oder edler Muße hingibt – Muße, nicht Arbeit, ist das Ziel des Menschen – oder schöne Dinge schafft oder schöne Dinge liest oder einfach die Welt mit bewundernden und genießenden Blicken umfängt, alle notwendige und unangenehme Arbeit verrichten.«[163] Eine optimistische Vision für eine Gesellschaft, die durch KI entlastet wird und einen Weg gefunden hat, damit umzugehen.

Doch zurück zum Lob auf den Müßiggang. Die Liste von Gelehrten, Schriftstellern, Künstlern aus vergangenen Zeiten, die das hohe Lied auf ihn angestimmt haben, ist lang. Hier drei weitere große Menschen, die für sie Zeugnis abgelegt haben – zunächst einmal Diogenes, den Philosophen und Kyniker, der in seiner Tonne lebte und damit nicht etwa gegen gesellschaftliche Normen verstieß, sondern sogar ihnen gemäß lebte. Nach zahlreichen Überlieferungen, etwa von Plutarch, hat er gegenüber Alexander dem Großen

auf die Frage, was er sich wünsche, gesagt: »Geh mir nur ein wenig aus der Sonne.« Dies brachte Alexander demnach dazu, anerkennend festzustellen: »Wahrlich, wäre ich nicht Alexander, ich möchte wohl Diogenes sein.« Auch ein anderer Philosoph, der über 2000 Jahre später lebende Friedrich Nietzsche, konnte der abhängigen Arbeit wenig abgewinnen – ein Hochbegabter, der mit 24 Jahren außerordentlich früh zum Professor berufen wurde, sein Amt aber zehn Jahre später aus gesundheitlichen Gründen wieder niederlegen musste, ein Mensch, der psychisch krank wurde und sich nicht wirklich davon erholte. Nietzsche schrieb über die Arbeit: »Es ist das Unglück der Tätigen, dass ihre Tätigkeit fast immer ein wenig unvernünftig ist. Man darf zum Beispiel bei dem geldsammelnden Bankier nach dem Zweck seiner rastlosen Tätigkeit nicht fragen: sie ist unvernünftig. Die Tätigen rollen, wie der Stein rollt, gemäß der Dummheit der Mechanik. Alle Menschen zerfallen, wie zu allen Zeiten so auch jetzt noch, in Sklaven und Freie; denn wer von seinem Tage nicht zwei Drittel für sich hat, ist ein Sklave, er sei übrigens, wer er wolle: Staatsmann, Kaufmann, Beamter, Gelehrter.«[164] Und noch ein Philosoph, der britische Gelehrte Bertrand Russell, berichtet von einer inneren Wandlung, die er hinter sich gebracht hat: »Aber wenn mir auch mein Handeln vom Gewissen vorgeschrieben war, so hat sich doch in meinen Ansichten eine Revolution vollzogen. Ich glaube nämlich, dass in der Welt viel zu viel gearbeitet wird, dass die Überzeugung, Arbeiten sei an sich schon vortrefflich und eine Tugend, ungeheuren Schaden anrichtet, und dass es nottäte, den modernen Industrieländern etwas ganz anderes zu predigen, als man ihnen bisher immer gepredigt hat.«[165]

Doch nicht nur die Philosophen, deren edelste Aufgabe es ist, nachzudenken und kluge Schlüsse zu ziehen, brauchen die Muße, sondern auch Künstler und Schriftsteller (die ihre spielerisch gewonnenen Resultate, die Inspirationen, benötigen). Der Wissenschaftsjournalist Ulrich Schnabel sagt sogar, die Muße habe die Kunst überhaupt erst auf die Welt gebracht, als der Homo sapiens erkannte, dass Jagen und Sammeln alleine nicht zufriedenstellen. Schnabel erinnert an die ersten künstlerischen Objekte aus der Zeit vor rund 35.000 Jahren, die auf der schwäbischen Alb gefunden wurden, figürliche Darstellungen von Mammuts, Wildpferden und eine Frauenfigur.[166]

Die Muße erholt und inspiriert letztlich alle. Das stimmt für uns heute vielleicht noch mehr als für die Menschen früher, denn sie trägt ganz entscheidend zu unserer psychischen Gesundheit bei.[167] Und das gilt nicht nur für Einzelne, die in Gefahr sind, psychisch völlig abzuschmieren oder das auch tun, so wie ich, sondern im Prinzip sind alle gefährdet. Viele Menschen sind heute unfähig, abzuschalten. Zahlreiche Methoden, wie das gelingen soll, werden auf einem riesigen Wellness-Markt vorgeschlagen. Bestimmt ist vieles auch hilfreich. Doch manche Tricks, zur Ruhe zu kommen, sind überhaupt nicht sensationell. Ulrich Schnabel nennt hier zwei grundlegende Anregungen: Zum einen sei es wichtig, sich zunächst einmal in Ruhe ein Problem vor Augen zu halten und dann zu lernen, »Nein« zu sagen zum anderen müsse sich jeder darüber klar werden, was für ihn persönlich im Leben wirklich zählt.[168] Karlheinz Geißler gibt für den Umgang mit der Zeit ebenfalls eine Reihe von Erkenntnissen und Ratschlägen mit auf den Weg, zum Beispiel: Warten kann sich lohnen, Pausen sind keine überflüssigen Zeitlöcher, Umwege erhöhen die Ortskenntnisse. Er mahnt, Zeit nicht überall und immer in Geld zu verrechnen und nicht alle gesparte Zeit in neue Beschleunigung zu investieren. Viel Kluges finden Sie meiner Meinung nach auch in Geschichten wie *Momo* von Michael Ende. Mit dem kleinen Mädchen hat er schon in den siebziger Jahren des vergangenen Jahrhunderts eine Heldin erfunden, die die leblosen und grimmigen grauen Herren letztlich besiegt. Diese haben sich über geraubte Zeit am Leben erhalten, die sie mit dicken Zigarren verqualmt und aufgebraucht haben. Momo will wieder Muße zu haben, um mit ihren Freunden zu spielen und anderen Menschen zuzuhören[169], eine Fähigkeit, die wir modernen Menschen fast verlernt haben.

Nicht nur mein persönlicher Tipp zur Muße, oder sagen wir zum Übergang in die Muße, ist der, spazieren zu gehen. Sie müssen dann nicht sofort Stille und Ruhe aushalten, in der sich manchmal auch quälende Gedanken einfinden – diese ganz eigenen bösen Geister, Srikumar Rao spricht von »mental chatter«.[170] Beim Spazierengehen bewegen Sie sich, aber moderat, es ist eine Tätigkeit, die sie fast in jeder körperlichen Verfassung ausüben können. Dabei kann ein schönes Wechselspiel eintreten zwischen äußeren Impulsen, also Bildern, an denen Sie sich erfreuen können, wie etwa ein auf dem Asphalt hüpfendes Rotkehlchen, und dem, was Sie innerlich mit sich herumschleppen, was Sie bewegt und eventuell nach einer Lösung schreit. Möglicherweise kommt Ihnen durch diesen, systemisch würde man sagen, permanenten leichten Perspektivwechsel tatsächlich eine gute Idee, wie Ihre Aufgabe oder Ihr Problem zu lösen ist, oder es wird Ihnen egal, vielleicht sogar beides. Spazierengehen ist wie der Anfang einer Meditation. Und außerdem ist es auch körperlich gesund.

Sich an der frischen Luft zu bewegen ist ein Genuss anderer Art, der eben niemals ausufern kann. Sie können davon nicht dick werden, nicht betrunken und eigentlich auch nicht überlastet, wenn Sie nicht gerade zu Stoßzeiten durch Fußgängerzonen von Großstädten wandern oder sich an Verkehrsknotenpunkten in einen Wettbewerb mit den Autos begeben. Beim Spazierengehen können Sie kleine oder größere Abenteuer erleben, Sie können Menschen und Tieren begegnen, oberflächliche oder vielleicht sogar tiefgründige Plaudereien beginnen, Gebäude bewundern, Pflanzen betrachten. Sie können bei Wind und Wetter unterwegs sein, gleich, ob die Sonne scheint oder es schneit. Sie können mit oder ohne Ziel unterwegs sein. Das nächste Café ansteuern oder planlos durch die Straßen schlendern. Sie können ganz langsam und bedächtig einen Schritt nach dem nächsten setzen oder eilig unterwegs sein. Im städtischen Milieu ihre Eindrücke einfangen oder wandernd Landschaften entdecken. Auf jeden Fall ist es ein sehr sinnliches Erlebnis mit vielen Bildern, die an Ihnen vorbeiziehen und die sie vergrößern oder verkleinern können, je nachdem welche Sichtweise Sie gerade einnehmen. Meistens ist die Luft besser als in der Wohnung (das mögen die armen Großstädter bitte überlesen) und der Fußgänger fühlt sich belebt. Manchmal gibt es interessante Geräusche zu belauschen, gelegentlich auch ungewöhnliche Düfte zu riechen. Wichtig ist nur, diese Eindrücke überhaupt wahrzunehmen. Und flugs sind Sie im Hier und Jetzt, und damit eigentlich auch schon in der Muße.[171]

Es gibt berühmte Spaziergänger, bekannte Flaneure, die Jahre ihres Lebens mit dieser Leidenschaft zugebracht haben. Der US-amerikanische Literaturkritiker und -professor James Wood hält Gustave Flauberts Romanfigur des Frédéric Moreau (*Lehrjahre des Gefühls*) für den ersten Vertreter dieses Typus, des »schlendernden jungen Mannes (meistens), der ohne Eile in den Straßen wandelt, schaut, beobachtet und überlegt«[172]. Sein Aufkommen war »eng mit der Entstehung der Großstädte verbunden, mit dem Phänomen riesiger Menschenkonglomerate, die einen Autor – oder seinen designierten Wahrnehmungsvertreter (den Flaneur) – mit einer verwirrenden Fülle und Vielfalt an Details konfrontierten«.[173] Eine Hoch-Zeit des kultivierten Schlenderns durch die Stadt waren wohl die Jahrzehnte zwischen 1900 und 1930. So schreibt etwa der zu dieser Zeit lebende österreichische Schriftsteller Karl Kraus: »Dagegen zog mich von jeher das Leben der Straße an, und den Geräuschen des Tages zu lauschen, als wären es die Akkorde der Ewigkeit, das war eine Beschäftigung, bei der die Genusssucht und die Lernbegier auf ihre Kosten kamen.«[174]

Aber auch zu anderen Zeiten und sogar heute noch haben vor allem Literaten und Lebenskünstler geradezu Bekenntnis abgelegt für das müßige Schlendern. Lassen wir uns doch von einem Zeitgenossen, Wilhelm Genazino, kurz zu einem solchen Spaziergang mitnehmen: »Wieder fliegen ein paar Schwalben durch die Fußgänger-Unterführung. Sie stürzen die U-Bahn-Station hinab und stoßen acht oder neun Sekunden später durch den gegenüberliegenden Ausgang wieder nach oben. Ich würde gerne selbst die Fußgänger-Unterführung durchqueren und mich dabei seitlich von den rasenden Schwalben überholen lassen ... Vor etwa zwei Wochen habe ich diese Unterführung zum letzten Mal benutzt. Die Schwalben flitzten an mir vorüber, es dauerte leider nur zwei oder drei Sekunden. Dann entdeckte ich die nassen Tauben, die ich zunächst nicht gesehen hatte. Sie saßen zusammengedrängt in einer gekachelten Ecke. Zwei am Boden liegende Obdachlose versuchten, mit den Tauben Kontakt aufzunehmen. Weil die Vögel auf ihre Laute und Gesten nicht reagierten, verhöhnten die Obdachlosen die Tiere.«[175] Ein anderer Zeitgenosse, der österreichische Schriftsteller Peter Handke, hatte sich für Jahre seines Lebens eine besondere Perspektive zu Eigen gemacht: »Bis vor wenigen Jahren habe ich fast immer nur zu Boden geschaut.

Genießen

Wenn ich etwas lese, was ich ganz früh geschrieben habe, habe ich das Gefühl von einem Menschen mit gesenktem Blick, so viel auf der Erde Liegendes kommt darin vor, und so viel Kleines. Ein weggeworfener Handschuh, die vom Tau beschlagene Zellophanumhüllung einer Zigarettenschachtel, Hände im Schoß ohne die Gesichter dazu ... Das alles sah ich als Zeichen für das, was ich nicht sah – für die monumentale Fremdheit der menschlichen Lebensäußerungen, die sich in der Umwelt, wenn auch nicht poetisch verschlüsselt wie in dem Anblick eines angebissenen Apfels auf einem Kanalgitter, in den Bauten und Straßenfluchten gezeigt hätte, wenn ich nur schon hätte aufblicken können. Heute erst weiß ich, dass dieses Wichtignehmen von Kleinigkeiten auf dem Boden nicht möglich gewesen wäre ohne den Reflex, der mich vor der Übermacht der verbauten Natur weiter weg zurückschrecken ließ.«[176]

Sie sehen, ein Spaziergang kann Sie wahren Abenteuern näherbringen und bietet schräge Sichtweisen, wenn Sie sich darauf einlassen. Ich weiß, das hört sich sehr *old school* an, aber ich bedaure die moderne Liefermentalität sehr. So bringen sich die Menschen noch um die letzten wenigen Meter, Hundert Meter, vielleicht Kilometer, für die sie sich in Bewegung setzen können und die ihnen einen, wenn auch nur kleinen, Spaziergang bieten würden – stattdessen gehen sie lieber ins Fitness-Studio. Ja, ich weiß auch, dieses Phänomen, alles von zu Hause aus zu bestellen und dann von einem stets gehetzten und unterbezahlten Boten an der Wohnungstür entgegenzunehmen, wird noch zunehmen. Aber vielleicht gibt es außer mir ja auch noch andere, die sich wehren gegen diese seltsame Entwicklung.

Paulas Schreibübung

Spazieren Sie zu einem Ort, an dem Sie sich wohlfühlen, einem Ort draußen. Nehmen Sie Papier und Bleistift mit. Setzen Sie sich irgendwo hin, wo es bequem ist und wo sie es eine Weile aushalten können. Nehmen Sie sich eine bestimmte Zeit vor, vielleicht fünf Minuten. Schließen Sie die Augen. Versuchen Sie, sie so lange, wie es für Sie einigermaßen angenehm ist, geschlossen zu halten und hören Sie einfach mal zu, was es da alles zu belauschen gibt. Die Schreie von Krähen, Tauben oder anderen Vögeln? Hundegebell? Stimmengemurmel? Autos, Motorräder, Flugzeuge? Horchen Sie auf dieses außergewöhnliche Hörspiel und die verschiedenen Einsätze der Musiker in diesem Orchester. Genießen Sie die Töne, Laute und Geräusche. Wenn die fünf Minuten in etwa um sind, schreiben Sie auf, was Sie alles wahrgenommen haben. Vielleicht ist Ihnen ja auch noch ein Geruch unter die Nase gekommen ...

UND NOCH WAS

> Katzen, diese Wesen, haben die un-menschliche Geduld der Erde; da ist ein Jahr, was für den Menschen nur eine Sekunde.
> Christian Morgenstern

> Das Gras wächst nicht schneller, wenn man daran zieht.
> Afrikanisches Sprichwort

> Wenn du lange genug am Fluss sitzt, siehst du irgendwann die Leiche deines Feindes vorbeischwimmen.
> Chinesisches Sprichwort

JETZT MÜSSTE ICH EIGENTLICH am Ende sein mit meinem »Katzenprinzip«. Denn Katzen haben ja sprichwörtlich sieben Leben und durch sieben Kapitel habe ich Sie begleitet oder Sie mich, je nachdem, wie man das betrachtet. Hoffentlich hatten Sie Spaß dabei und haben etwas für sich mitnehmen können, zumindest Hoffnung, dass Sie es wieder aus der Krise schaffen und nicht dazu verdammt sind, für immer in einem vielleicht sehr tiefen Tal zu dümpeln, sondern wenigstens die Aussicht auf Lebensfreude und ein angenehmeres Leben haben. Was, mit Zuversicht betrachtet, übermorgen sein kann, darf ihre Stimmung heute schon verbessern.

Es gibt aber noch eine Zutat, die müssen Sie unbedingt verwenden, wenn Sie sich mit Optimismus an Ihr neues Leben machen und es kreieren. Die ist eigentlich im letzten Kapitel des Katzenprinzips angesiedelt, aber so wichtig, dass sie nun in einer Art Nachtrag noch eigens gewürdigt werden muss. Es ist eine Tugend, die nicht häufig vorkommt, die wirklich nicht jedem in die Wiege gelegt wurde – mir ganz bestimmt nicht –, die aber erlernbar ist und die Sie brauchen werden: die Geduld.

Es würde mich freuen, wenn Sie dieses Buch gerne gelesen haben. Möglicherweise haben Sie es schnell gelesen. Wenn Sie nun rasche Resultate erwarten, sind meine Vorschlusslorbeeren möglicherweise auch schnell verbraucht. Glückliche Fügungen, positive Nachrichten, vorzeitige Heilungsverläufe – das alles ist natürlich durchaus vorstellbar. Aber so wie Pflanzen nach der Saat zu ganz unterschiedlichen Zeiten keimen, brechen sie auch zu ganz unterschiedlichen Zeiten aus der Erde an die Luft, wo sie dann irgendwann schöne Blüten treiben und später Früchte tragen. Ich bin keine Pflanzenexpertin, habe aber noch einen Vergleich aus der Tierwelt – und natürlich ist es wieder einmal die Katze, die uns besonders interessiert. Klar, wenn Sie mit der Futterdose in der Hand in der Küche herumwedeln, ist es mit der Geduld der Katze bestimmt nicht weit her. Aber beobachten Sie mal eine Katze, die jagt. Wie sie sich langsam an ihre Beute heranschleichen kann, ganz im Moment und in der Konzentration, wie sie nicht eine Sekunde zu früh losschlägt, sondern genau im entscheidenden Augenblick zupackt oder zubeißt. Da ist die Katze nämlich noch ursprünglich und nicht von uns Menschen verdorben. Es ist eben nicht so einfach, mit uns Zweibeinern Geduld zu haben, kapieren wir doch häufig nicht, was wirklich wichtig ist.

Also, was würde die Katze sagen, was würde Paula hier anmerken? Geduld haben, wenn auf dem Weg aus der Krise heraus etwas nicht gleich gelingt und wenn dieser Weg viel Zeit in Anspruch nimmt. Die Dinge entwickeln sich schon, auch wenn einem das selbst häufig als Schneckentempo vorkommt und die Langsamkeit einen in den Wahnsinn treiben könnte. Ich kann mir gut Situationen vorstellen, die so herausfordernd sind, dass man sich den Hinweis auf Geduld nicht anhören möchte. Situationen wie die, von denen ich oben kurz erzählt habe, als ich den ersten Job verlor, den ich nach meinem Klinikaufenthalt angetreten hatte. Oder als ich noch genau 200 Euro auf zwei Konten hatte. Oder die Lage, in der ich mich befand, als ich jemanden, von dem ich dachte, er sei mein Freund, fragte, ob er mir im Notfall Geld leihen würde, damit ich meine Coaching-Ausbildung sicher zu zahlen imstande wäre. Doch dieser »Freund«, der das von seinen finanziellen Möglichkeiten her gut hätte machen können, sagte rundheraus Nein. Das war ein herber Schlag für mich wie die beiden anderen Situationen auch. Das Schlimmste an solchen Lebensklippen ist, dass sie Ihr Selbstbewusstsein und Ihren Glauben hart auf den Prüfstand stellen und dass dann dunkle Anteile in Ihnen nach den trübsten Gedanken fischen, die in Ihrem Innern herauszuholen sind. Auch solche, die verborgen waren: »Ha, habe ich es dir nicht gesagt, du schaffst es nicht?«, höhnen solche Stimmen. Da schleicht die Verzweiflung gerne um die Ecke und wartet auf jede Chance, noch näher heranzukommen. Aber mit dem Gegenmittel Zuversicht vertreiben Sie sie wieder, denn die Zuversicht verweist auf die Ihre Geduld! Mit Ihrem Sitzfleisch können Sie Rückschläge abfedern und die bösen Geister vorbeiziehen lassen. Das Geld für die Coaching-Ausbildung habe ich übrigens letztlich geschenkt bekommen, von einer wirklich guten Freundin.

Gerade weil wir in einer Zeit leben, in der es immer schwieriger wird, diese Eigenschaft vorzuhalten, wird es nötiger, Geduld bewusst zu entwickeln. Auch wenn das nicht nur für Menschen gilt, die aus einer Krise herauskommen wollen, gilt es für sie doch ganz besonders: Sie brauchen weit mehr Langmut als andere. Vielleicht können Sie mir sogar in dem Gedanken folgen, dass Menschen, die eine Krise erlitten haben, hier noch einmal besonders lernen sollen. Zum Beispiel bin ich ganz sicher in meine letzte große Krise hineingeraten, weil ich eben keine Geduld mit mir und den Umständen hatte. Ich wollte endlich ein »normales Leben« führen, was auch immer das sein sollte, jedenfalls wollte ich nicht als psychisch krank stigmatisiert sein. Ich hatte keine Geduld, behutsam mit mir umzugehen und mir meine Schwächen zuzugestehen. Alles sollte endlich so sein, wie ich mir das als Opfer meiner eigenen überzogenen Anforderungen als ideal vorgestellt hatte, und zwar sofort. Stattdessen kam es ganz anders. Jetzt muss ich manchmal noch mühsamere Hürden überwinden und meine Wünsche und Hoffnungen müssen mich noch ein Stück weiter auf meinem Lebensweg tragen. Das alles hat sich bereits so gut entwickelt, dass ich für mich darin Sinn erkennen kann. Im Alltag ist da zwar noch Luft nach oben, aber wenn ich in gutem Zustand bin, nicht gestresst und von keiner schrägen Laune gebeutelt, kann ich auch diese Lektion bejahen. Ich hätte nie gedacht, dass ich mit mir und meiner Situation so geduldig umgehen kann. Hier bin ich von mir selbst überrascht.

Auch der Zeitforscher Karlheinz Geißler hat sich besonders mit der Geduld und der Gelassenheit beschäftigt. Er sieht sie vor allem mit der Langsamkeit verknüpft: »Langsamkeit war stets eine Produktivkraft, eine häufig übersehene, missachtete und als unnütz verachtete. Sie ist es immer noch und wird es auch in Zukunft sein. Ohne Geduld, Beharrlichkeit, Langmut und Besonnenheit existieren keine Freiheiten des Denkens, Fragens und Handelns. Wirkliche Freiheit gedeiht nur auf dem fruchtbaren Boden des Zeithabens und des Zeitlassens.«[177] Geißler weist darauf hin, dass ohne Geduld und Gelassenheit auch keine wirklich liebevollen Beziehungen entstehen können: »Um lieben Menschen und schönen Dingen näherzukommen, braucht es Geduld und Gelassenheit, auf einem Schnellweg wird man sie nicht finden.«[178] Sein Zeuge ist Antoine de Saint-Exupérys, der in seinem Buch *Der kleine Prinz* den Fuchs zum Prinzen sagen lässt: »Du musst sehr geduldig sein. Du setzt dich zuerst ein wenig abseits von mir ins Gras. Ich werde dich so verstohlen, so aus den Augenwinkeln anschauen, und du wirst nichts sagen...Aber jeden Tag wirst du dich ein wenig näher setzen können.«[179]

Matthias Sutter, ein österreichischer Wirtschaftsforscher, hat ein ganzes Buch[180] über die Geduld geschrieben und preist sie als Eigenschaft, die Talent in die Schranken verweist. Mit zahlreichen Untersuchungen belegt er seine These, nach der Erfolg hat, wer geduldig ist. Das ist vor allem auch deshalb für uns interessant, weil er über Studien nachweisen kann, dass es zum Beispiel Korrelationen zwischen Suchtverhalten und Ungeduld gibt. So zeigt eine Studie unter 661 Nordtiroler Schülern »einen klaren Zusammenhang: Wer im Experiment ungeduldiger ist und lieber den kleineren Betrag von 10,10 Euro sofort als einen größeren in der Zukunft wählt, gibt auch mit hoher Wahrscheinlichkeit Geld für Alkohol und Zigaretten aus.«[181] Auch bei jungen Erwachsenen in Japan (Durchschnittsalter 24 Jahre) zeigt sich bei einer vergleichbaren Fragestellung einer Forschergruppe der Hokkaido Universität ein ähnlicher Zusammenhang: Die Aufgabe lautete, zwischen 100.000 Yen in der Zukunft und einem geringeren Betrag zwischen 5.000 und 100.000 Yen in der Gegenwart zu wählen. Aktive Raucher entschieden sich hier signifikant öfter für den kleineren Betrag als Nichtraucher. Auch die Menge des konsumierten Nikotins spielte eine Rolle: Je mehr sie rauchten, desto eher wählten sie den kleineren verfügbaren Betrag. Die Forscher erklären sich das so: »Chronischer Nikotinkonsum führt zu einer adaptiven Veränderung in den neuronalen Netzwerken des menschlichen Gehirns, wodurch Selbstkontrolle erschwert wird.«[182] Wenn wir jetzt noch eine Untersuchung der Universität Liverpool zur Nikotinabstinenz mit in Betracht ziehen, stellt sich heraus, dass Entzug die Ungeduld natürlich weiter verstärkt: Raucher, die für mehrere Stunden auf das Rauchen verzichten, sind viel ungeduldiger als Raucher, die eine Zigarette zur Verfügung haben.

Interessante Erkenntnisse gibt es auch beim Alkohol: Studien zeigen, dass sich Personen, die nur gelegentlich und in geringen Mengen Alkohol trinken, im Hinblick auf ihre Geduld nicht von Personen unterscheiden, die so gut wie keinen Alkohol konsumieren. Das ist aber anders bei Personen, die sehr viel trinken, und erst recht[183] bei solchen, die bereits als Alkoholiker bezeichnet werden müssen. Wenn die Gruppe von Menschen mit starkem Alkoholkonsum Entscheidungen zwischen einem geringen Geldbetrag in der Gegenwart und einem größeren Betrag in der Zukunft treffen muss, dann wählt sie sehr viel häufiger wenig Geld sofort, als das eine Kontrollgruppe von Menschen tut, die nur sehr selten oder gar keinen Alkohol trinkt, sonst aber vergleichbare Eigenschaften hat – etwa im Hinblick auf das Alter, den Beruf und die Ausbildung.[184] Schließlich wirft Sutter einen Blick auf Drogen- und Spielsucht und erwähnt eine Untersuchung der Universität Connecticut, bei der 81 drogenabhängige und spielsüchtige Menschen hypothetische Entscheidungen über Geld treffen sollten. Für Mitglieder der Kontrollgruppe (also nicht die Nicht-Süchtigen) waren 1.000 US-Dollar in fünf Jahren in etwa so attraktiv wie 550 US-Dollar heute. Für die Drogenabhängigen waren bereits 350 US-Dollar Köder genug, um sofort zuzugreifen. Und die Gruppe derer, die sowohl drogenabhängig als auch spielsüchtig waren, hielt bereits 100 US-Dollar sofort für gleich attraktiv wie 1.000 US-Dollar in fünf Jahren.[185]

Ein noch schlüssigeres Bild ergibt sich, indem Sutter auch Fettleibigkeit beleuchtet. Hier zieht er eine Studie heran, die von Ökonomen der Universität Harvard stammt. Sie führten das übliche Geldexperiment durch, allerdings wurden die Ergebnisse zusätzlich mit dem Body Mass Index in Bezug gesetzt, der ein Indikator für Übergewicht ist. Das Ergebnis: Kurzfristige Entscheidungen hatten einen besonders starken Zusammenhang mit dem Gewicht der Teilnehmer.[186] Zusammenfassend heißt das also, dass es »einen klaren Zusammenhang (gibt) zwischen Geduld und einem gesunden Lebensstil«[187].

Ein weiteres Kapitel beschäftigt sich mit Situationen, die klar als (nicht suchtbedingte) Krisen benannt werden können, Arbeitslosigkeit und Verschuldung. Denn Sutter kann sein Plädoyer für die Geduld auch hier anbringen. Zum einen hat eine Analyse von US-Arbeitsmarktdaten durch Forscher der Universität Berkeley ergeben, dass Arbeitslose, die nicht rauchten und Ersparnisse vorzuweisen hatten, geduldiger waren als ihre Schicksalsgenossen, die diese Indikatoren nicht oder weniger aufweisen konnten. »Mit anderen Worten: Ungeduldige Menschen finden weniger schnell einen neuen Arbeitsplatz.«[188] Möglicherweise lassen sie sich auch bei der Arbeitsplatzsuche schneller entmutigen, weil es ihnen schwerer fällt, negative Rückmeldungen auf Bewerbungen wegzustecken und sich dem Risiko einer weiteren Absage auszusetzen.

Zum anderen beruft sich Sutter beim Thema Kreditkartenschulden auf eine Untersuchung von Wissenschaftlern der Columbia-Universität New York und der Universität Stanford in Kalifornien – es wurden dafür 600 US-Bürger mit mittleren und kleineren Einkommen aus dem Großraum Boston befragt. Auch hier gab es wieder die Frage nach einer Geldsumme heute oder einem höheren Betrag in einem Monat, nur diesmal in Korrelation zu Schulden. Das Ergebnis lässt sich so beschreiben: Bei zwei etwa 50 Jahre alten, alleinstehenden Männern mit einem Jahreseinkommen von 50.000 US-Dollar und einem Kreditkartenlimit von 5.000 US-Dollar, die sich nur in ihrem Hang zu gegenwartsorientierter bzw. zukunftsorientierter Handlung (Geld sofort oder später) unterscheiden, hat der Gegenwartsorientierte mit einer 15 Prozent höheren Wahrscheinlichkeit Schulden bei seiner Kreditkartenfirma als der Zukunftsorientierte.[189]

Ungeduld geht also einher mit – gleich welchem – Suchtverhalten und kann außerdem ein negativer Faktor sein, wenn es darum geht, anders begründete Krisen zu überwinden. Im Umkehrschluss gibt es also Grund zur Annahme, dass Geduld den Prozess, sich aus einer Krise herauszuarbeiten, erheblich unterstützt. Meiner Erfahrung nach ist das tatsächlich so. Wenn ich mir vergegenwärtige, was passiert, wenn ich Entwicklungen krampfhaft zu beschleunigen versuche, fallen mir kleine und größere Negativbeispiele ein: vom Versuch, mit einem schnippischen Ton einen Behördenvertreter zu Schnelligkeit zu bewegen (was nur misslingen kann) bis zu meinem Gefühl vor meiner letzten Psychose, ich müsse einfach sofort und partout gesund und dazu auch noch perfekt sein. Mit solch einer Haltung war ich zum Scheitern verurteilt und habe im zweiten Fall durch meinen Mangel an Geduld (zusammen mit anderen Faktoren) möglicherweise die größte Krise meines Lebens ausgelöst.

Doch woher die Geduld nehmen? In einer Zeit, in der es eine unübersichtliche Anzahl von Möglichkeiten gibt, wie es sich leben lässt, und trotzdem viele das Gefühl haben, irgendwie in einer Falle zu sitzen? In einer Zeit, die sich immer mehr zu beschleunigen scheint und augenscheinlich gebietet, alles mitzubekommen? In der sich der Mensch angesichts von KI neu definieren muss und zumindest in Teilen den Wettbewerb mit der Maschine sucht? Und in der dann auch noch persönliche Ziele erreicht werden sollen? Was machen dann Menschen, die schon von Haus aus nicht die geduldigsten sind? Wie sollen die sich dieser Tugend annähern?

Meine Antwort darauf ist Übung durch Selbstbeobachtung. Sie werden sicherlich keinen Wettbewerb mit einem meditationserfahrenen Mönch gewinnen, zumindest am Anfang. Es ist natürlich auch nichts dagegen zu sagen, wenn Sie nun einmal ein etwas südländischeres Temperament haben. Wichtig ist aber, dass Sie sich nach einem Anfall von Ungeduld selbst an die Hand nehmen und sich beschwichtigen können – und das wiederum ist viel leichter, wenn Sie genügend Pausen einlegen und wenn Sie schreiben! Verzweifeln Sie nicht, wenn Ihnen in der Krise Rückschläge den Weg zu versperren scheinen, und seien Sie auch sich selbst gegenüber geduldig.

Möglicherweise kennen und mögen Sie diese Zeilen (Geduld/Briefe an einen jungen Dichter) von Rainer Maria Rilke:

Ich möchte Sie, so gut ich es kann, bitten, Geduld zu haben gegen alles Ungelöste in Ihrem Herzen und zu versuchen, die Fragen selbst lieb zu ha-

ben wie verschlossene Stuben und wie Bücher, die in einer fremden Sprache geschrieben sind ... Forschen Sie jetzt nicht nach den Antworten, die Ihnen nicht gegeben werden können, weil Sie sie nicht leben könnten. Es handelt sich darum, alles zu leben. Leben Sie jetzt die Fragen. Vielleicht leben Sie dann allmählich, ohne es zu merken, in die Antwort hinein ...

ZUM SCHLUSS

*Das Leben ist nicht in der Katze,
sondern die Katze ist Leben.*
Oswald Spengler

ICH FASSE MICH JETZT KURZ, denn es gibt zum Schluss wenig mehr zu sagen als: Kommen Sie wieder auf die Beine, landen Sie mit beiden Füßen im Leben, lassen Sie es sich gut gehen!

Vielen Dank, dass Sie sich das von mir erfundene (oder sagen wir besser zusammengestellte) Katzenprinzip haben erläutern lassen – wobei ja eigentlich die Katzen das Copyright darauf erheben müssten. Vielleicht lesen Sie das ein oder andere ein zweites Mal. Gerade wenn man mitten in einer großen Herausforderung steckt, lässt sich nicht immer jedes Detail aufnehmen, und ich habe bewusst darauf verzichtet, zu ausführlich zu sein.

Für die, die gerne hinten zu lesen anfangen, und auch für diejenigen, denen ich schon gut zusprechen konnte, will ich hier meine Botschaften noch einmal zusammenfassen: Besinnen Sie sich auf Ihre Kraft. Bleiben Sie sich treu, egal, was passiert. Suchen Sie sich die zu Ihnen passenden Menschen aus. Schreiben Sie und seien Sie kreativ. Erinnern Sie sich an Ihre Träume und wagen Sie sogar Visionen. Gehen Sie die Dinge an. Nehmen Sie sich Zeit für Pausen, für Genuss und dafür, auch einmal stolz auf sich zu sein. Und versuchen Sie während des ganzen Prozesses so geduldig wie möglich zu sein – mit sich und Ihrer Umwelt!

Vielleicht läuft Ihnen ja in der nächsten Zeit eine Katze über den Weg. Also, wenn Sie da meine Meinung noch einmal hören wollen: Das kann ja gar kein Zufall sein ... sondern bringt, na, was schon: Glück!

ANMERKUNGEN

1 Antonovsky, Aaron (1997). *Salutogenese*. Tübingen: DGVT-Verlag.
2 Natürlich bin überhaupt nicht generell gegen Therapie, schon gar nicht gegen Genesungs- oder Heilungsversuche, sondern gegen die institutionalisierte »Mühle«, in der ich, als ich für vier Monate drinnen war (Klinik), Stabilisierendes, aber wenig Heilendes entdecken konnte. Darüber hinaus habe ich ein Problem mit allzu umarmender »Schonung« (nicht zu verwechseln mit Auszeit, Pause und dergleichen); auch in vielen anderen medizinischen Bereichen bewegt sich die Einschätzung längst weg vom Schonen hin zum Trainieren und Üben.
3 Vgl. Kast, Verena (2017/2. Auflage). *Auf dem Weg zu sich selbst*. Ostfildern: Patmos, S. 53
4 Vgl. Ruppert, Franz (2018). *Wer bin ich in einer traumatisierten Gesellschaft? Wie Täter-Opfer-Dynamiken unser Leben bestimmen und wie wir uns daraus befreien*. Stuttgart: Klett-Cotta.
5 Meine persönliche Erfahrung deckt sich mit einer Einschätzung, die sich auch in der wissenschaftlichen Literatur immer öfter findet, nämlich dass Traumatisierung eine (Mit)Ursache für Psychosen sein kann; Vgl. etwa Retzbach, Joachim (2018). *Das Trauma hinter Wahn und Halluzinationen*. Gehirn & Geist, Ausgabe 7 (2018), S. 56/57. Auch Franz Ruppert hat schon vor rund zehn Jahren auf den Zusammenhang zwischen Trauma und Psychose hingewiesen; vgl. Ruppert, Franz (2008/3. Auflage). *Verwirrte Seelen. Der verborgene Sinn von Psychosen. Grundzüge einer systemischen Psychotraumatologie*. München: Kösel.
6 Stein, Claudius (2009). *Spannungsfelder der Krisenintervention*. Stuttgart: Kohlhammer, S. 22.
7 So auch Stein, *Spannungsfelder*, S. 23.
8 Etwa Borst, Ulrike (2010). *Von psychischen Krisen und Krankheiten, Resilienz und »Sollbruchstellen«*. In: Rosmarie Welter-Enderlin; Bruno Hildenbrand (Hrsg.), *Resilienz – Gedeihen trotz widriger Umstände* (S. 192-204). Heidelberg: Carl-Auer, S. 194 ff. Ulrike Borst betont zwar den Unterschied zwischen Krise und Krankheit und sagt etwa: »Die Abgrenzung zum Krankheitsbegriff bleibt unerlässlich, jedoch schwierig.« Sie erwähnt aber auch die Vertreter des Vulnerabilitäts-Stress-Coping-Modells, die im Begriff »Krise« einen Weg sehen würden, »trotz Annahme eines krankhaften Prozesses die Prognose einer ... Schizophrenie ... deutlich zu verbessern.« (S. 195)
9 Kast, Verena (2014/11.Auflage). *Lebenskrisen werden Lebenschancen*. Freiburg: Herder.
10 Hierzu sagt Franz Ruppert: »Opfer und Täter als ›kranke‹ Menschen zu etikettieren und medizinisch als ›Borderliner‹, ›Depressive‹, ›Psychopathen‹ etc. zu behandeln, benennt die Tatsache von deren Traumatisierung nicht. Das Konzept der ›psychischen Erkrankungen‹ bzw. ›psychischen Störungen‹ gibt

in traumatisierten Gesellschaften vor, eine Erklärung zu sein.« Vgl. Ruppert, *Wer bin ich*, S. 178.
11 Hildenbrand, Bruno (2010), *Resilienz, Krise und Krisenbewältigung*. In: Rosmarie, Welter-Enderlin; Bruno Hildenbrand (Hrsg.), *Resilienz – Gedeihen trotz widriger Umstände* (S. 205–229), Heidelberg: Carl-Auer, S. 206.
12 Filipp, Sigrun-Heide; Aymanns, Peter (2010). *Kritische Lebensereignisse und Lebenskrisen*. Stuttgart: Kohlhammer, S. 122: »Doch muss man in der Zusammenschau festhalten, dass die Rolle von (kritischen) Lebensereignissen als Motoren der Entwicklung eher im Programmatischen verblieben ist, ja von einem ›Quantensprung in der eigenen Entwicklung‹ im Zuge solcher Erfahrungen keineswegs die Rede sein kann.«
13 Etwa Ruf, Gerhard Dieter (2013). *Einführung in die systemische Psychiatrie*. Heidelberg: Carl Auer, S. 27, wenn auch unter einem gewissen Vorbehalt: »Wenn man bei der systemischen Therapie eine psychische Störung als Krise interpretiert, muss man den Kontext und die willentlich nicht direkt veränderbaren Rahmenbedingungen berücksichtigen«; vgl. auch Ruf, Gerhard Dieter (2005). *Systemische Psychiatrie*. Stuttgart: Klett-Cotta, S. 26/27 über den Begriff Krankheit. Hier spricht Ruf davon, letztlich komme es darauf an, welche Erklärungen *hilfreich* seien. Bei vielen Störungen habe es sich bewährt, die Frage offenzulassen, ob ein Defizit die Fähigkeiten limitiert. Vgl. auch Ruf, Gerhard Dieter (2014). *Schizophrenien und schizoaffektive Störungen*. Heidelberg: Carl-Auer, S. 9, hier spricht er schon im Vorwort von einer »Krise«.
14 Vgl. etwa Ruf, *Schizophrenien und schizoaffektive Störungen*, S. 29.
15 Unterscheidung mit Bezug auf DeMarco bei Hildenbrand, Bruno, *Resilienz, Krise und Krisenbewältigung*, S. 209.
16 Es gibt hier verschiedene Ansätze und Bezeichnungen, Gunther Schmidt etwa spricht von einem inneren Parlament, das jedem zur Verfügung steht. Vgl. Schmidt, Gunther (2003). *Wer bin ich, und wenn ja, wie viele* (Vortrag auf CD). Schwarzach: Auditorium-Verlag.
17 Fritzsche, Kai, Hartmann, Woltemade (2016/3. überarbeitete Auflage). *Einführung in die Ego-State-Therapie*. Heidelberg: Carl-Auer, S. 33.
18 Fritzsche/Hartmann, *Einführung*, S. 57 ff.
19 Vgl. etwa Bradshaw, John (2000). *Das Kind in uns*. München: Knaur oder Stahl, Stefanie (2015/6. Auflage). *Das Kind in dir muss Heimat finden*. München: Kailash.
20 Kast, Verena, *Lebenskrisen*, S. 150 ff.
21 Vgl. Schlippe, Arist von; Schweitzer, Jochen (2016/3. Auflage). *Lehrbuch der systemischen Therapie und Beratung I*. Göttingen: Vandenhoeck & Ruprecht, S. 209
22 Stein, *Spannungsfelder*, S. 35.
23 Etwa Deubner-Böhme, Miriam; Deppe-Schmitz, Uta (2018). *Coaching mit Ressourcenaktivierung*. Göttingen: Hogrefe.
24 Deubner-Böhme; Deppe-Schmitz, *Coaching*, S. 45.
25 Kast, Verena (2018/2. Auflage). *Der Schatten in uns. Die subversive Lebenskraft*. Ostfildern, Patmos.
26 Vgl. etwa Institut für Systemische Therapie Wien (2013) *Vreni Schizzo. Wie die Schizophrenie siegt und wie sie scheitert* (DVD) Heidelberg: Carl-Auer.

27 Vgl. etwa Brown, Brené (2017/3.Auflage). *Verletzlichkeit macht stark.* München: Goldmann.
28 Archer, Dale (2018) *Nicht normal, aber ziemlich genial. Warum unsere psychischen Störungen unsere Stärken sind.* München: mgv.
29 Archer, *Nicht normal*, S. 20.
30 Archer, *Nicht normal*, S. 21.
31 Diese Übung wird von vielen beansprucht, wahrscheinlich weil sie so gut ist. Der Wissenschaftsjournalist Ulrich Schnabel, der ebenfalls von ihrem Sinn überzeugt und von ihrer Wirkung begeistert ist, schreibt, sie stamme vom US-Psychologen Christopher Peterson (University of Michigan). Schnabel, Ulrich (2010). *Muße. Vom Glück des Nichtstuns.* München: Blessing.
32 Aus finstrer Nacht, die mich umragt,/durch Dunkelheit mein' Geist ich quäl./Ich dank, welch Gott es geben mag,/dass unbezwung'n ist meine Seel./Trotz Pein, die mir das Leben war,/man sah kein Zucken, sah kein Toben./Des Schicksals Schläg in großer Schar./Mein Haupt voll Blut, doch stets erhob'n./Jenseits dies Orts voll Zorn und Tränen,/ragt auf der Alp der Schattenwelt./Stets finden mich der Welt Hyänen./Die Furcht an meinem Ich zerschellt./Egal, wie schmal das Tor, wie groß,/wieviel Bestrafung ich auch zähl./Ich bin der Meister meines Los'./Ich bin der Käpt'n meiner Seel.
33 Enzensberger, Hans-Magnus (2008). *Hammerstein oder der Eigensinn.* Frankfurt Suhrkamp.
34 Hesse, Hermann (2017/10. Auflage). *Eigensinn macht Spaß.* Berlin: Insel.
35 Hesse, *Eigensinn macht Spaß*, S. 84/87.
36 Hesse, *Eigensinn macht Spaß*, S. 134.
37 https://news.stanford.edu/2005/06/14/jobs-061505/; abgerufen am 28. Februar 2019.
38 Nuber, Ursula (2016/3.Auflage). *Eigensinn.* Frankfurt: Fischer, S. 18.
39 Nuber, *Eigensinn*, S. 46.
40 Nuber, *Eigensinn*, S. 29.
41 Heller, Jutta (2016/6.Auflage). *Resilienz. Sieben Schlüssel für mehr innere Stärke.* München: Gräfe und Unzer, S. 68
42 Heller, *Resilienz*, S. 3
43 Ich glaube, dass ich das so empfinde, liegt an meiner relativen Gesundheit, Selbstverantwortung und Autonomie und kann nicht einfach als Symptom abgetan werden, weil es einem nicht in den Kram passt. Ich freue mich, dass ich mich auch in dieser Hinsicht argumentativ an Franz Ruppert orientieren kann. Er sagt über die eben schon erwähnten »Mühlen«: »So nimmt es nicht Wunder, dass am Ende solcher gut gemeinten Behandlungen die ›chronische Depressivität‹, d. h. die Aufgabe des eigenen Willens und die Unterdrückung der eigenen Bedürfnisse, millionenfach als Ergebnis übrig bleibt. Diese Konsequenz wird dann entweder still akzeptiert, mit Psychopharmaka bekämpft oder zuweilen durch massive Gewaltakte ergänzt: eine Ladung Strom wird den Betroffenen durch ihr Gehirn gejagt mit der pseudowissenschaftlichen Begründung, dies würde den Cocktail ihrer Hormone neu mischen! Je mehr sich jemand in eine umfassende Opferhaltung hinein flüchtet, desto größer ist die Wahrscheinlichkeit, dass er zusätzlich Opfer von medizinischen, psychotherapeutischen und sozialarbeiterischen Behandlungen wird, die ihn

zum Versuchsobjekt ihrer Maßnahmen machen und ihm ihre ausgedachten Konzepte von Diagnosen und Therapien notfalls auch mit Gewalt überstülpen.« Vgl. Ruppert, *Wer bin ich*, S. 125/126 und auch Ruppert, *Verwirrte Seelen*.
44 Bock, Thomas (2017/8.Auflage). *Eigensinn und Psychose. »Noncompliance« als Chance*. Neumünster: Paranus.
45 Bock, *Eigensinn und Psychose*, S. 12.
46 Bock, *Eigensinn und Psychose*, S. 19.
47 Clara Feldmann: *Nimm doch einfach Deine Tabletten. Rekonstruktion einer Psychose*. SWR 2 Tandem 12.10.2017; https://www.swr.de/swr2/programm/sendungen/tandem/rekonstruktion-einer-psychose-nimm-doch-einfach-deine-tabletten/-/id=8986864/did=20217346/nid=8986864/yrw3yr/index.html; abgerufen am 28. Februar 2019.
48 So lehnen etwa 58 Prozent von Befragten einer Studie es ab, einen Menschen mit Schizophrenie als Mieter zu akzeptieren. Vgl. Angermeyer, M., Matschinger, H., Schomerus, G. (2013) *Attitudes towards psychiatric treatment and people with mental illness: changes over two decades. British Journal of Psychiatry* 203, S. 146–151.
49 Im Kapitel 5 (Träume und Visionen) werden ich Ihnen noch ein paar Argumente präsentieren, wie sich etwas Positives aus diesen Fantastereien herausholen lässt.
50 Hier zwei Literaturtipps: Seifert, Ang Lee; Seifert, Theodor (2006). *Intuition. Die innere Stimme*. Düsseldorf: Walter. Sehr praktisch sind die Bücher der US-amerikanischen Intuitionslehrerin Sonia Choquette, etwa Choquette, Sonia (2010). *Die Aufgaben der Seele. Die göttliche Kraft in Dir*. Berlin: Ullstein Allegria.
51 Ludwig, Mario (2018). *Mein Leben als Dosenöffner*. Stuttgart: wbg Theiss.
52 Name geändert.
53 https://www.spektrum.de/news/die-gesetze-der-freundschaft/1190912; abgerufen am 2.11.2018
54 Schmid, Wilhelm (2014). *Vom Glück der Freundschaft*. Berlin: Insel, S. 9.
55 Lengning, Anke; Lüpschen, Nadine (2012). *Bindung*. München: Ernst Reinhardt Verlag.
56 Strauß, Bernhard (2014). *Bindung*. Gießen: Psychosozial-Verlag, S. 78.
57 Lengning; Lüpschen, Bindung, S. 33.
58 Schmid, Vom Glück, S. 12.
59 Schmid (2014), S. 74.
60 Freiherr von Knigge, Adoph (2011). *Über den Umgang mit Menschen*. Köln: Anaconda, S. 82.
61 Jakob, Katharina (2018). *Das Geheimnis der inneren Stärke*. Geo Wissen (62) Lebenskrisen, S. 138.
62 Borst, Ulrike, *Von psychischen Krankheiten*, S. 196; Emmy Werner spricht von Schutzfaktoren, die Resilienz ausmachen: *Schutzfaktoren des Individuums, der Familie und des Umfeldes*. In Rosmarie Welter-Enderlin; Bruno Hildenbrand, *Resilienz* (S. 28–42), S. 31 ff.
63 Berndt, Christina (2016/5.Auflage). *Resilienz. Das Geheimnis der psychischen Widerstandskraft*. München: dtv.

64 Fröhlich-Gildhoff, Klaus; Rönnau-Böse, Maike (2015/4. Aktualisierte Auflage). *Resilienz.* München: Ernst Reinhardt-Verlag, S. 10.
65 Welter-Enderlin; Hildenbrand, *Resilienz.*
66 Welter-Enderlin; Hildenbrand, *Resilienz,* S. 43 ff.
67 Heller, *Resilienz,* S. 9.
68 Amann, Ella Gabriele (2015/2. Auflage). *Resilienz.* München: Haufe.
69 Kalisch, Raffael (2017). *Der resiliente Mensch. Wie wir Krisen erleben und bewältigen.* München/Berlin: Berlin Verlag, S. 28.
70 Hier möchte ich zwei Aspekte beispielhaft betrachten. Zum einen: Die Zahl der Fehltage (Arbeitsunfähigkeitstage) wegen psychischer Erkrankungen ist in den letzten 11 Jahren (bis 2012) um mehr als 97 Prozent gestiegen. Im Jahr 2012 wurden bundesweit 60 Millionen Arbeitsunfähigkeitstage aufgrund psychischer Erkrankungen registriert. (Bundesministerium für Arbeit und Soziales und Bundesanstalt für Arbeitsschutz und Arbeitsmedizin: *Sicherheit und Gesundheit bei der Arbeit,* 2014, S. 31) Zum anderen: Psychische Erkrankungen sind die häufigste Ursache für krankheitsbedingte Frühberentungen. Zwischen 1993 und 2015 stieg der Anteil von Personen, die aufgrund seelischer Leiden frühzeitig in Rente gingen, von 15,4 auf 42,9 Prozent (Deutsche Rentenversicherung Bund: *Rentenversicherung in Zeitreihen* 2016, S. 111). Die Zahlen des Psychiater- und Psychotherapeutenverbandes DGPPN sind noch beängstigender: »Bundesweit erfüllt mehr als jeder vierte Erwachsene im Zeitraum eines Jahres die Kriterien einer psychischen Erkrankung. Zu den häufigsten Krankheitsbildern zählen Angststörungen, Depressionen und Störungen durch Alkohol- oder Medikamentengebrauch. Für die knapp 18 Millionen Betroffenen und ihre Angehörigen ist eine psychische Erkrankung mit massivem Leid verbunden und führt oft zu schwerwiegenden Einschränkungen im sozialen und beruflichen Leben«, heißt es auf der Internetseite unter »Zahlen und Fakten« (https://www.dgppn.de/schwerpunkte/zahlenundfakten.html, abgerufen am 7. Dezember 2018).
71 Borst. *Von psychischen Krisen,* S. 192.
72 Amann, *Resilienz,* S. 9 ff.
73 Fröhlich-Gildhoff/Rönnau-Böse, *Resilienz,* S. 30/31.
74 Berndt, *Resilienz,* S. 201.
75 Heller, *Resilienz,* S. 116 ff.
76 Das Thema »Macht und Ohnmacht« spielt bei der Diagnose, die auf mich am meisten zutrifft (es wurden verschiedene gestellt: »Schizophrenie«, »bipolar« und »schizoaffektiv«), nämlich die schizoaffektive Störung, eine gewisse Rolle; bei der Schizophrenie ist es das Thema »Schuld und Unschuld«; vgl. Ruf, Gerhard Dieter (2014). *Schizophrenien und schizoaffektive Störungen.* Heidelberg: Carl Auer, S. 49 ff. Auch deshalb mein Hinweis auf das Gleichgewicht. Zwar ist es zum einen richtig, dass, wer eine solche Diagnose hat, möglicherweise eher als der Durchschnitt dazu neigt, menschliche Beziehungen durch eine solche Brille zu betrachten (»Macht«/»Ohnmacht« oder »Schuld«/»Unschuld«). Zum anderen kann der Genesungs- und Heilungsprozess bestimmt dann besser gelingen, wenn das Gegenüber frei (oder möglichst frei) von solchen Problematiken ist. Wer sich also ohnmächtig und als Opfer fühlt, sollte daran arbeiten, dass er aus dieser Rolle und diesem Gefühl

herauskommt, und das geht m. E. besser mit Menschen, die nicht darauf beharren, allzu »mächtig« zu sein.
77 Nach Schreibexpertin Birgit Schreiber bzw. Kathleen Adams und ihrem *Journal to the Self* (1990). *Twenty-two paths to personal growth*. New York: Grand Central Publishing, S. 172.
78 Feldmann, Clara: *Nimm doch einfach deine Tabletten. Rekonstruktion einer Psychose*. SWR 2 Tandem 12.10.2017
79 In das etwa Jutta Heller, *Resilienz*, das Gefühl von Stimmigkeit (Kohärenz) unter die Selbstwirksamkeit einordnet (die zu den sieben Schlüsseln der Resilienz gehören), S. 82 ff.
80 Antonovsky, *Salutogenese*, S. 34 ff.
81 Hier bezieht sich Antonovsky auf den Psychiater und Logotherapeuten Viktor Frankl, der verschiedene Konzentrationslager, darunter Auschwitz überlebte und seine Erfahrungen im dem Buch ... *trotzdem Ja zum Leben sagen* beschrieben hat.
82 Heimes, Silke (2012). *Warum Schreiben hilft*. Göttingen: Vandenhoeck & Ruprecht.
83 Vgl. Passagen dieses Textes mit Wirtz, Christiane (2018). *Schreiborientierte Methoden im Coaching*. Coaching-Magazin, 4, S. 38–42.
84 Das ist für den Psychiater Jann Schlimme ein besonders wichtiger Punkt. Dies und die damit (vorher) einhergegangene Distanzierung, etwa von einer Psychoseerfahrung.
85 Unterholzer, Carmen C. (2017). *Es lohnt sich, einen Stift zu haben*. Heidelberg: Carl-Auer, S. 176; Wirtz, *Schreiborientierte Methoden*, S. 41
86 Unterholzer, *Es lohnt sich*, S. 19.
87 Vgl. diesen und die nächsten drei Absätze mit Unterholzer, *Es lohnt sich*, S. 19 ff. und Heimes, Silke (2011). *Kreatives und therapeutisches Schreiben*. Göttingen: Vandenhoeck & Ruprecht, S. 10 ff.
88 Lerner, Arthur; Sekeles, Chava (1978). *Poetry in the Therapeutic Experience*. Amsterdam: Elsevier Science &Technology Books.
89 Pennebaker, J. W. (1997). *Writing about emotional experiences as a therapeutic process*. Psychological Science, 8/3, S. 162, zitiert nach Unterholzer.
90 Und: Außer, wie eben bereits erwähnt, Sie befinden sich in einer sogenannten »Problemtrance«, das heißt, Sie können Ihr Problem zurzeit einfach nur aus einer problematischen Perspektive betrachten – dann würden Sie das Problem unter Umständen festschreiben, wie Carmen Unterholzer formuliert.
91 Cameron, Julia (2009). *Der Weg des Künstlers*. München: Knaur.
92 Cameron, *Der Weg*, S. 32 ff.
93 Cameron, *Der Weg*, S. 46.
94 Natürlich ist das historisch zu betrachten. Die Creative-Writing-Expertin Barbara Glindermann: »Im Zuge des bürgerlichen Emanzipationsprozesses definieren die Dichter ihre Rolle neu. Sie lösen sich vom privilegierten, aber gleichzeitig dem Wertesystem des Hofes unterworfenen Gelehrtenstand und begründen ihr Selbstbewusstsein aus der eigenen produktiven Kraft.« Das mündet für Glindermann dann in die »romantische Falle«.Vgl. Glindermann, Barbara (2001). *Creative Writing in England, den USA und Deutschland*. Frankfurt: Peter Lang, S. 86 ff.

95 Glindermann, S. 13
96 Glindermann, S. 13.
97 Haslinger, Josef (2004). *Warum Creative Writing*, In Josef Haslinger; Hans-Ulrich Treichel (Hrsg.), *Wie werde ich ein verdammt guter Schriftsteller?* (S. 176–191), Frankfurt: Suhrkamp, S. 180/181.
98 Ortheil, Hanns-Josef (2017). *Schreiben über mich selbst*. Berlin: Dudenverlag, S. 5.
99 Dirks, Liane (2015). *Sich ins Leben Schreiben. Der Weg zur Selbstentfaltung*. München: Kösel.
100 Helmes, Silke (2010). *Künstlerische Therapien*. Göttingen: Vandenhoeck & Ruprecht.
101 Denken Sie an die einzige Kontraindikation: Es geht Ihnen so schlecht, dass Sie quasi Ihren ständigen Blick auf Probleme noch verstärken würden.
102 Das sehen natürlich vor allem Traumforscher so. Faraday, Anne (2005). *Deine Träume – Schlüssel zur Selbsterkenntnis*. Fischer: Frankfurt, S. 43, meint etwa: »Die wirkliche Gefahr liegt nicht darin, das Kommen der Träume zu fördern, sondern darin, sie aus Ihrem Leben auszusperren.«
103 Ernst, Heiko (2011). *Innenwelten. Warum Tagträume uns kreativer, mutiger und gelassener machen*. Stuttgart: Klett-Cotta, S. 29.
104 Satir, Virginia (1988/15. Auflage). *Meine vielen Gesichter. Wer bin ich wirklich*. München: Kösel.
105 Satir, *Meine vielen Gesichter*, S. 75.
106 Satir, *Meine vielen Gesichter*, S. 77.
107 Verena Kast unterscheidet folgende Faktoren, die die Traumerinnerung beeinflussen: Solche, die abhängig sind von äußerlichen Faktoren, solche, die abhängig sind von der Art der Träume (hochemotionale Träume werden eher erinnert als banale), solche, die abhängig sind vom Interesse an Träumen überhaupt (die etwa wie oben dargestellt stimuliert werden können), solche, die abhängig sind von Persönlichkeitsmerkmalen und schließlich von den Lebensumständen. Vgl. Kast, Verena (2015/7.Auflage). *Träume. Die geheimnisvolle Sprache des Unbewussten*. Ostfildern: Patmos, S. 36 ff.
108 Faraday, *Deine Träume*, S. 32.
109 Zu diesem Thema gibt es die verschiedensten Anleitungen. Faraday legt S. 46 ff. zum Beispiel neun Regeln fest, zu denen etwa gehört, dass das Tagebuch griffbereit ist, dass Sie es datieren und dass Sie es mit einem Ereignis des Tages verbinden.
110 Für alle diese Begriffe, die ich gleich zu definieren versuchen werde, benutzt der Göttinger Neurobiologe Gerald Hüther den einfachen und verständlichen Begriff der »inneren Bilder«. Er setzt ihn ein »zur Beschreibung all dessen, was sich hinter den äußeren, sichtbaren und messbaren lebendigen Phänomenen verbirgt und die Reaktionen und Handlungen eines Lebewesens lenkt und steuert.« Hüther, Gerald (2014/8. Auflage). *Die Macht der inneren Bilder. Wie Visionen das Gehirn, den Menschen und die Welt verändern*. Göttingen: Vandenhoeck & Ruprecht, S. 17.
111 Noch einmal Verena Kast, *Träume*: Sie weist unter Bezug auf Untersuchungen, die Michael Schredl vom Mannheimer Zentralinstitut für seelische Gesundheit zusammengefasst hat, darauf hin, dass Kunststudierende und

Hobbymaler die höchsten Traumerinnerungswerte aufweisen konnten: »Das heißt, visuell kreativ Tätige können ihre Träume besser erinnern.«
112 Vedral, Johanna (2017). *Collage Dream Writing. Geschichten aus der Tiefe schreiben.* Wien: punktgenau Verlag.
113 Vedral, *Collage Dream Writing*, S. 71
114 Vedral, *Collage Dream Writing*, S. 73
115 Grön, Ortrud (2009). »*Ich habe einen Traum*«. Ludwig: München, S. 128.
116 Ernst, *Innenwelten*, S. 13.
117 Ernst, *Innenwelten*, S. 12.
118 Ernst, *Innenwelten*, S. 9.
119 Ernst, *Innenwelten*, S. 47.
120 Ernst, *Innenwelten*, S. 70.
121 Kast, *Träume*, S. 144.
122 Kast, *Träume*, S. 144.
123 Kast, *Träume*, S. 148.
124 Kast, *Träume*, S. 148.
125 Schmidt, Gunther (2016/7. Auflage). *Einführung in die hypnosystemische Therapie und Beratung.* Heidelberg Carl Auer, S. 91. Interessant ist auch der Hinweis, dass imaginiert wird »bei jeder Kommunikation, auch wenn sie nur nonverbal geschieht, aber auch durch rituelle Bewegungen, Tanz, Gesang und Sprachmuster, die besonders nachhaltig auf die gewünschten Erlebnisbereiche fokussieren.« Vgl. Schmidt, *Einführung*, S. 91. An anderer Stelle spricht er von der »Imagination mit allen Sinnen.« Vgl. Schmidt, Gunther (2012). *Die Klugheit unserer archaischen Bilderwelten im systemischen Raum. Die Potentiale von Imaginationen und Bildern (Vortrag auf CD).* Müllheim: Auditorium Verlag.
126 Gunther Schmidt formuliert es in diesem Vortrag so: »Ob es einem passt oder nicht. Man imaginiert sich ständig einen ab. Es ist also nicht die Frage des Ob, sondern nur noch die Frage des Wie … Wir imaginieren ständig. Wir merken es nur nicht immer.« Das bringt auch die Gefahr von Manipulationen mit sich, darauf weist Luisa Francia hin: »Wir alle bauen unser Leben auf Imagination, Fantasie und Mythos auf, doch die meisten Menschen sind sich dessen gar nicht bewusst. Sie glauben, rational zu handeln und gehen doch jenen in die Falle, die Sehnsüchte, Wünsche, Glaubensvorstellungen geschickt zu ihrem Vorteil zu nutzen wissen.« Vgl. Francia, Luisa (2018). *Blühende Fantasie.* München: Knaur, S. 46.
127 Francia, *Fantasie*, S. 123.
128 Hüther, *Die Macht*, S. 10.
129 Francia, *Fantasie*, S. 81.
130 Schmidt, Vortrag *Die Klugheit*.
131 Schmidt, Vortrag *Die Klugheit*.
132 Schmidt, *Einführung*, präzisiert die Utilisation so (S. 93): Es sollte jedes Phänomen, »welches von den KlientInnen angeboten wird, … jeweils so beschrieben, bewertet und es soll damit so umgegangen werden, dass dies als Kompetenz für Bedürfnisse behandelt werden kann, die für die Zielverwirklichung zu berücksichtigen sind und genutzt werden sollten.«
133 Francia, *Fantasie*, S. 124 ff.

134 Beuys, Barbara (2009). *Denn ich bin krank vor Liebe. Das Leben der Hildegard von Bingen*. Insel: Frankfurt, S 148.
135 https://www.archives.gov/files/press/exhibits/dream-speech.pdf, abgerufen am 23. Dezember 2018.
136 Samel, Gerti (2005). *Verwirkliche Deinen Traum*. Rowohlt: Hamburg, S. 73.
137 Samel, *Verwirkliche*, S. 74.
138 Rao, Srikumar (2010). *Happiness at work. Be Resilient, Motivated, and Successful – No Matter What*. New York: Mc Graw Hill, S. 38.
139 Vgl. Samel, *Verwirkliche*, S. 76.
140 Quelle: Mindvalley Academy; Gerti Samel formuliert die Fragen ähnlich, aber anders: Wenn dieses Leben für mich zu Ende geht, was will ich dann alles gefühlt, erlebt, verstanden haben? Was möchte ich in meinem Bewusstsein in die andere Dimension mitnehmen? Welche Dinge sollen mich bis dahin noch berühren, für die es sich wirklich zu leben lohnt?
141 Vgl. Samel, *Verwirkliche*, S. 93.
142 Luisa Francia, nennt die Illusion die mutlose Schwester der Vision, S. 58: »Die Illusion zeigt einen Wunsch, eine Sehnsucht auf, ohne die Energie zur Gestaltung zu erzeugen, während die Vision auf der Flamme der Energie immer weiter wächst, bis sie in die materielle Welt geholt werden kann.« Das Tückische an der Illusion, S. 60/61: »Die Magie der Verhinderung ist eigentlich ein Werkzeug der Illusion. Indem ich das Erträumte, Gewünschte in Gedanken unmöglich mache, raube ich mir die Möglichkeit, den Weg der Vision zu gehen ... Wenn die Illusion die mutlose Schwester der Vision ist, so ist sie auch die trügerischste der visionären Möglichkeiten, denn sie lockt Menschen immer wieder in die Traumzeit, um immer wieder den Traum platzen zu lassen.«
143 Roese, Neal (2007). *Ach, hätt' ich doch! Wie man Zweifel in Chancen verwandelt*. Frankfurt: Eichborn, S. 90 ff.
144 Roese, *Ach, hätt' ich doch*, S. 90.
145 Roese, *Ach, hätt' ich doch*, S. 58.
146 Ernst, *Innenwelten*, S. 35.
147 Ernst, *Innenwelten*, S. 35.
148 Ernst, *Innenwelten*, S. 36.
149 Luisa Francia, *Fantasie*, sagt das so (S. 62): »Dass ein Projekt scheitert, heißt ja nicht, dass alles verloren ist. Sondern: Träum weiter und prüfe die Möglichkeiten der Verwirklichung genauer als zuvor!«
150 Ein echter »Coaching-Klassiker« von Maren Fischer-Epe trägt das Ziel als festen Bestandteil von Coaching schon im Titel: Fischer-Epe, Maren (2002). *Coaching: Miteinander Ziele erreichen*. Hamburg: Rowohlt. Sie stellt vor allem fünf Fragen an ein Ziel in ihrem Sinn: Ist es positiv formuliert? Ist es attraktiv-motivierend? Ist das Ziel selbst erreichbar? Ist das Ziel konkret messbar? Und schließlich: Ist das Ziel ökologisch? Systemisches Coaching sieht das weniger bestimmend, macht das mehr vom Auftrag abhängig und legt den Fokus auf den Prozess, der letztlich vom Klienten gesteuert werden soll.
151 Rao, *Happiness*, S. 81 ff.
152 Rao, *Happiness*, S. 86.

153 Reddemann, Luise (2004). *Eine Reise von 1000 Meilen beginnt mit dem ersten Schritt. Seelische Kräfte entwickeln und fördern.* Herder: Freiburg, Kapitel 64.
154 Hier schon einmal der Hinweis: Ich will auf gar keinen Fall alle psychischen Krankheiten über einen Kamm scheren, wo doch jeder Mensch und Fall völlig verschieden ist. Es geht mir nur darum zu betonen, dass es auch Fälle gibt, in denen es möglich ist, sich vor depressiven Löchern zu schützen, sie zu umgehen. Auch möchte ich mir nicht anmaßen, für alle zu sprechen. Zum Beispiel habe ich in Sachen Medikamente sicher eine etwas andere Position als die des als »depressiv« diagnostizierten Uwe Hauck. Er sieht Medikamente als sehr hilfreich an (ich bin kein ganz eindeutiger Medikamentenfan) und für ihn war sein Klinikaufenthalt eine insgesamt positive Erfahrung. Vgl. Hauck, Uwe (2016). *Depression abzugeben. Erfahrungen aus der Klapse.* Köln: Bastei Lübbe.
155 Zum kleinen Exkurs über die Langeweile kommen wir erst noch, aber so viel schon von Zeitforscher Karlheinz Geißler: »Die Suche nach Zerstreuungen und Ablenkungen ist kontraproduktiv. Sie führt nicht weiter, nur tiefer hinein. Besser, Sie machen es sich bequem und schauen der Zeit dabei zu, wie sie vergeht und wie immerzu sogleich neue nachkommt. Im Anschluss daran tun sie nichts, denn alles weitere tut die Zeit dann für Sie.« Geißler, Karlheinz (2012). *Lob der Pause. Von der Vielfalt der Zeiten und der Poesie des Augenblicks.* München: oekom, S. 143
156 Schneider, *Die Enzyklopädie*, zitiert in seinem Schlusskapitel, S. 173, den argentinischen Autor Jorge Luis Borges, der kurz vor seinem Tod schrieb: »Wenn ich mein Leben noch einmal leben könnte, im nächsten Leben würde ich versuchen, mehr Fehler zu machen. Ich würde nicht so perfekt sein wollen, ich würde mich mehr entspannen. Ich wäre ein bisschen verrückter, als ich es gewesen bin, ich würde viel weniger Dinge so ernst nehmen.«
157 Maier, Corinne (2004). *Die Entdeckung der Faulheit.* München: Goldmann.
158 Geißler, *Lob der Pause*, S. 141/142.
159 Csikszentmihalyi, Mihaly (2010/8. Auflage). *Kreativität. Wie Sie das Unmögliche schaffen und Ihre Grenzen überwinden.* Stuttgart: Klett-Cotta, S. 503.
160 Schnabel, Ulrich (2010) *Muße. Vom Glück des Nichtstuns.* München: Blessing, S. 230: »Die Freizeit dagegen ist unstrukturiert und daher sehr viel schwerer zu gestalten. Und so stellt sich häufig die paradoxe Situation ein, das man sich zwar danach sehnt, seinen Arbeitsplatz zu verlassen und nach Hause zu eilen, dort aber oft nichts Rechtes mit sich anzufangen weiß und sich langweilt.«
161 Schneider, Wolfgang (2007/5. Auflage). *Die Enzyklopädie der Faulheit. Ein Anleitungsbuch.* Berlin: Eichborn.
162 Arendt, Hannah (2002). *Vita activa oder: Vom tätigen Leben.* München: Piper, zitiert nach Schneider, *Die Enzyklopädie*, S. 18. [[Das Buch selbst stammt von 1958, bzw. die deutsche Fassung von 1960.]]
163 Oscar Wilde zitiert nach Schneider, *Die Enzyklopädie*, S. 122 ff.
164 Friedrich Nietzsche, zitiert nach Schneider, *Die Enzyklopädie*, S. 65.
165 Bertrand Russell, zitiert nach Schneider, *Die Enzyklopädie*, S. 93.
166 Schnabel, *Muße*, S. 163.
167 Vgl. Schneider, *Die Enzyklopädie*, S. 130.

168 Schnabel, *Muße*, S. 240/241.
169 Ende, Michael (2005). *Momo*. Stuttgart: Thienemann-Esslinger Verlag.
170 Etwa Rao, *Happiness*, S. 94/94.
171 Hier werde ich wieder von Karlheinz Geißler unterstützt, denn auch er plädiert für das »Schlendern«: »Gerade das Gehen bietet ideale Möglichkeiten, um die Langsamkeit (wieder) zu entdecken. Trödeln, Schlendern, Bummeln, Flanieren – alles wohl klingende Begriffe, die ein wenig aus der Zeit gefallen klingen, so als ob sie einem Museum für ausrangierte Zeitqualitäten entsprungen wären. Gerade jüngere Menschen können nur mehr sehr wenig mit ihnen anfangen und so gehen diese wunderbaren Worte für immer verloren … Nur Mut: Schlendern Sie mal wieder, sorglos, ziellos, auf Um-, Ab- und Nebenwegen. Vielleicht landen Sie ja dann an jenem glücklichen Ort, wo sie bei einem Gespräch über die Zeit, die sie nicht haben, die Zeit vergessen.« Geißler, *Lob*, S. 50.
172 Wood, James (2011/2.Auflage). *Die Kunst des Erzählens*. Hamburg: Rowohlt, S. 55.
173 Wood, *Die Kunst*, S. 56.
174 Büchergilde Gutenberg (Hrsg.), (2010), *Flaneure. Begegnungen auf dem Trottoir*. Frankfurt: Büchergilde, S. 7.
175 Büchergilde, *Flaneure*, S. 139 ff.
176 Büchergilde, *Flaneure*, S. 109.
177 Geißler, *Lob*, S. 42.
178 Geißler, *Lob*, S. 44.
179 Zitiert nach Geißler, *Lob*, S. 44/45.
180 Sutter, Matthias (2014). *Die Entdeckung der Geduld – Ausdauer schlägt Talent*. Salzburg: ecowin.
181 Sutter, *Die Entdeckung*, S. 43.
182 Sutter, *Die Entdeckung*, S. 45.
183 Sutter, *Die Entdeckung*, S. 45.
184 Sutter, *Die Entdeckung*, S. 46.
185 Sutter, *Die Entdeckung*, S. 47.
186 Sutter, *Die Entdeckung*, S. 50.
187 Sutter, *Die Entdeckung*, S. 50.
188 Sutter, *Die Entdeckung*, S. 65.
189 Sutter, *Die Entdeckung*, S. 67–70.

Rechteinhaber
S. 55 Márquez: Kiepenheuer & Witsch
S. 73 Márquez: Kiepenheuer & Witsch
S. 73 Ausländer: S. Fischer Verlag

Der Bestseller von Christiane Wirtz

über die Zeit in und mit der Psychose und ihren Weg zurück ins Leben.

200 Seiten | Klappenbroschur | 22,00 €
ISBN 978-3-8012-0518-8

dietz-verlag.de